AF590729

COLLECTION

DES

MORALISTES ANCIENS.

MORALE DE SÉNEQUE.

TOME PREMIER.

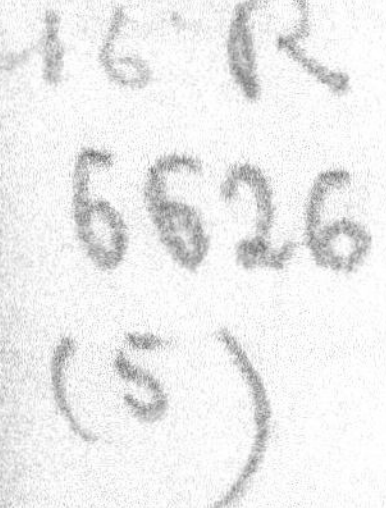

COLLECTION

DES

MORALISTES ANCIENS,

DÉDIÉE AU ROI.

A PARIS,

Chez DIDOT L'AÎNÉ, Imprimeur du Clergé, en surv. rue Pavée S. A.

Et DE BURE L'AÎNÉ, Quai des Augustins.

M. DCC. LXXXII.

BIBLIOTHEQUE NATIONALE
R.F.
IMPRIMES

MORALE

DE

SÉNEQUE,

EXTRAITE DE SES ŒUVRES

PAR M. N.

TOME PREMIER.

MORALE DE SÉNEQUE.

I.

REGARDER quelqu'un comme ami, & n'avoir pas en lui la même confiance qu'en soi ; c'eſt étrangement s'abuſer, c'eſt ignorer l'étendue de la véritable amitié. Que votre ami ſoit le confident de toutes vos délibérations ; mais qu'auparavant il en ait été l'objet. De la confiance après l'amitié formée : du diſcernement avant de la former.

C'eſt confondre les devoirs, c'eſt violer la regle de Théophraſte, que de s'engager ſans connoître, pour rompre quand on connoîtra.

Réfléchiſsez long-temps ſur le choix d'un ami : une fois décidé, que toutes les portes de votre ame lui ſoient ouvertes ; pas plus de réſerve avec lui qu'avec vous-même. Croyez-le sûr, il le sera : ſouvent on enſeigne à tromper, en craignant de l'être ; la défiance autoriſe l'infidélité.

II.

SE fier à tout le monde, & ne ſe fier à perſonne, sont deux excès : il y a plus d'honnêteté dans l'un, plus de sûreté dans l'autre.

III.

UNE vie paſsée en voyages procure beaucoup d'hôtes, & pas un ami. Tous ces déplacements ne sont que l'agitation d'un esprit malade. Le premier signe du calme intérieur est de savoir se fixer & rester avec soi. Etre par-tout, c'est n'être nulle part.

IV.

S'ACCOMMODER avec la pauvreté, c'est être riche : l'on est pauvre, non pour avoir peu, mais pour desirer beaucoup.

V.

N'ALLEZ pas, à l'exemple de certains Philosophes moins curieux de faire des progrès que du bruit, affecter dans votre extérieur ou votre genre de vie, des singularités qui vous fassent remarquer. Un habillement sauvage, une chevelure hérisſée, une barbe en déſordre, une averſion déclarée pour toute argenterie, un lit étendu ſur la terre, & mille autres voies détournées qui tendent obliquement à la conſidération, vous devez vous les interdire. Eh ! le nom de Philoſophe n'eſt déjà que trop odieux, avec quelque modeſtie qu'on le porte : que ſera-ce, ſi nous allons nous ſouſtraire à l'uſage ? C'eſt par l'intérieur qu'il faut différer du peuple : par les dehors, on peut lui reſſembler. Le Sage eſt auſſi loin de heurter les mœurs publiques, que d'attirer les regards par la ſingularité de ſa vie.

VI.

La Nature condamne toutes ces tortures volontaires, cette averſion pour la parure la plus simple, cet amour pour la mal-propreté, cette prédilection pour des aliments, je ne dis pas communs, mais dégoûtants. Il n'y a qu'un débauché qui recherche la délicatesse; mais il n'y a qu'un sot qui refuse des mets simples & ordinaires. La Philosophie ne nous ordonne pas de souffrir, mais d'être frugal; & la frugalité s'accorde avec la propreté : il faut lui prescrire des bornes; il faut que notre vie soit un mélange des bonnes mœurs & des mœurs publiques; il faut qu'on l'admire, & qu'on s'y reconnoisse.

VII.

La route des préceptes est longue; celle des exemples est plus courte & plus sûre. Platon, Aristote, & cette foule de Sages qui devoient ſuivre tant de routes diverſes, profiterent plus des mœurs que des diſcours de Socrate.

VIII.

IMITER les méchants parceque c'eſt le grand nombre, haïr le grand nombre parcequ'il ne nous reſſemble pas, sont deux extrémités vicieuſes.

IX.

QUEL eſt le but du Sage en prenant un ami ? c'eſt d'avoir pour qui mourir, d'avoir qui accompagner en exil, qui ſauver aux dépens de ſes jours. C'eſt un trafic, & non une amitié, que des aſſociations intéreſſées & calculées ſur le profit.

X.

L'AMOUR reſſemble à l'amitié ;

il en eſt, pour ainſi dire, la folie.

XI.

CRATÈS voyant un jeune homme ſe promener à l'écart, lui demanda ce qu'il faiſoit ainſi tout ſeul. Je m'entretiens avec moi-même, répondit-il. Prenez-y bien garde, repartit le Philoſophe, vous pourriez bien vous entretenir avec un méchant homme.

XII.

QUELLE eſt la folie des hommes ! ils murmurent, à voix baſſe, des vœux infâmes à l'oreille des Dieux : dès qu'on les écoute, ils ſe taiſent ; ils n'oſeroient dire aux hommes ce qu'ils diſent aux Dieux. Vivons avec les hommes comme ſi Dieu nous voyoit : parlons à Dieu comme ſi les hommes nous entendoient.

XIII.

Il faut choiſir un homme de bien; ne le perdre jamais de vue; toujours vivre comme en ſa préſence; toujours agir comme sous ſes yeux. Ce précepte eſt d'Épicure; c'eſt lui qui nous donne un gardien, un ſurveillant. Il a bien raiſon : on feroit peu de fautes, ſi, au moment d'en commettre, on avoit un témoin. Il faut à l'ame quelqu'un qui lui en impoſe, & dont l'autorité ſanctifie juſqu'à ſes pensées les plus ſecretes. Heureux l'homme dont l'idée ſeule, ſans qu'il ſe montre, en corrige un autre! Heureux encore celui qui reſpecte aſsez un autre homme pour rentrer dans l'ordre à ſon ſouvenir!

XIV.

La vieilleſse a des charmes, lorſqu'elle ne va pas jusqu'à la caducité. Je crois même qu'au bord de la tombe il y a des plaisirs à goûter ; ou du moins (ce qui tient lieu de plaisirs) on n'en a plus besoin.

XV.

LA Philosophie est une espece de Sacerdoce respecté des gens de bien, respecté même de ceux qui ne sont méchants qu'à demi. Tous les arts, tous les hommes, même les pervers, lui rendent hommage. Non, jamais la dépravation ne sera assez forte, ni la ligue contre les vertus assez puissante, pour empêcher la Philosophie d'être vénérable & sacrée.

XVI.

LA vie heureuse est le fruit d'une sagesse consommée ; la vie supportable, d'une ſageſſe commencée.

XVII.

La Philoſophie n'eſt pas un art populaire, une ſcience de parade : elle conſiſte dans les choſes, & non pas dans les mots. Sa fonction n'eſt pas d'aider à paſſer agréablement les jours, de calmer l'ennui de l'oiſiveté : c'eſt de forger & de façonner les ames, de diriger la conduite, de régler les actions, d'enſeigner à l'homme ce qu'il doit faire ou omettre, d'être ſon propre pilote, de le guider au milieu des écueils de ſa navigation. Sans philoſophie, point de ſûreté. Combien, à chaque heure, d'incidents qui exigent des conſeils! c'eſt d'elle qu'il en faut recevoir.

XVIII.

Souvent on hait à proportion

qu'on reçoit : prêtez une petite ſomme, vous aurez un débiteur ; une plus grande vous fait un ennemi. Quoi ! les bienfaits n'engendrent pas l'amitié ? Ils le peuvent, ſi le diſcernement les dirige, ſi on les place, au lieu de les ſemer.

XIX.

LA Philoſophie n'enſeigne pas à parler, mais à faire : elle exige que chacun ſe conforme aux regles qu'elle preſcrit, aux loix qu'elle impoſe, que les actions ne démentent pas les diſcours, que l'enſemble de la vie ſoit d'un même ton & ſans nulle diſcordance. Le plus grand effort, la plus grande preuve de la ſageſſe, eſt de monter ſa conduite à l'uniſſon du langage, de faire de l'homme un tout uniforme.

XX.

QU'EST-CE que la ſageſſe ? c'eſt la ſcience de toujours vouloir ou ne vouloir pas la même choſe.

XXI.

ON sort de la vie, dit Épicure, comme ſi l'on ne faiſoit que d'y entrer. Ce qui me plaît ſur-tout de cette pensée, c'eſt le reproche d'enfance fait aux vieillards. Du reſte, elle eſt fauſſe ; on ne sort pas de la vie comme on y eſt entré : nous mourons plus mauvais que nous ne ſommes nés. La faute en eſt à nous, & non à la Nature.

XXII.

QUELS sont les éléments du bonheur ? une bonne conſcience ; de l'honnêteté dans les projets ; de la droiture dans les actions ; du mépris pour les biens fortuits; de la liaiſon, de l'enſemble, de l'uniformité dans la conduite.

XXIII.

NOUS avons beſoin d'être retenus dans notre averſion comme dans notre amour pour la vie. Lors même que la raiſon preſcrit d'y mettre fin, il ne faut pas s'échapper d'un élan bruſque & rapide : l'homme ſage & courageux doit ſe retirer, & non prendre la fuite.

XXIV.

PERSUADÉ que je touche au moment de l'épreuve, que le jour approche qui va juger de tous mes jours, je m'étudie, je me tiens ce langage : « Juſqu'ici tes paroles, tes « actions, n'ont rien prouvé : ce ne « sont pas là de sûrs interpretes de

« l'ame ; la mort ſeule peut t'éclai-
« rer ſur tes progrès. Diſpoſe-toi
« donc avec courage pour cet inſ-
« tant fatal, où, ſans fard & le maſ-
« que bas, tu prononceras toi-mê-
« me ſi le courage étoit dans ton
« cœur ou ſur tes levres, ſi tant de
« mots lancés fièrement contre la
« fortune n'étoient dans ta bouche
« que le rôle d'un comédien. Nè
« t'en rapporte pas à l'eſtime des
« hommes, accordée au vice com-
« me à la vertu ; elle ne prouve rien :
« laiſſe là ces études cultivées pen-
« dant ta vie entiere ; la mort, la
« mort ſeule, voilà ton vrai juge.
« Je le répete, ces diſputes ſavantes,
« ces entretiens philoſophiques, ces
« maximes puiſées dans les livres des
« Sages, ces doctes entretiens, ne

« prouvent point le courage. Com-
« bien de lâches qui parlent en hé-
« ros ! Le chemin que tu as parcou-
« ru ne sera connu qu'au bout de
« ta carriere. »

XXV.

On ne peut aſſez répéter ce qu'on ne peut aſſez apprendre.

XXVI.

Le bonheur ne tient pas au lieu, mais à la perſonne.

XXVII.

Qu'importe le nombre des maîtres ? il n'y a pas pour cela plus d'une ſervitude.

XXVIII.

Quelle honte pour un homme déjà vieux, ou près de l'être, de n'être ſage que par ſes livres, & de n'avoir pour appui que ſa mémoire !

Qu'il se soutienne sur lui-même ; qu'il parle, au lieu de citer. Ces hommes toujours interpretes & jamais auteurs, cachés sans cesse à l'ombre d'un grand écrivain, ont bien peu de ressort, pour n'oser jamais faire ce qu'ils ont appris si long-temps ! Le beau métier, d'exercer sa mémoire sur les productions d'autrui ! Se ressouvenir, n'est pas savoir : on se ressouvient, quand on garde les choses dans sa mémoire ; on les sait, quand on se les approprie. Faut-il rester toujours attaché devant un modele, toujours les yeux fixés sur un maître ? Zénon dit ceci, Cléanthe dit cela. Eh ! mon ami, n'y aura-t-il jamais de différence entre un livre & vous ? Quoi ! toujours disciple ! il est temps d'être maître.

Qu'ai-je besoin d'écouter ce que je peux lire ?

Mais, dira-t-on, la voix donne de la vie aux pensées. Non, si elle ne fait que répéter les paroles d'autrui ; si elle ne fait que la fonction d'un écho. Ajoutez que ces hommes, toujours en tutele, suivent les Anciens dans une carriere où les Anciens n'avoient garde de se suivre les uns les autres ; dans une carriere qui n'est pas encore connue. S'en tenir aux découvertes antérieures, c'est le moyen de n'en jamais faire. De plus, qui suit un autre, marche sans but ; & comment trouver, quand on ne cherche pas ? Quoi ! je ne marcherai pas sur les traces des Anciens ! Sans doute, je prendrai la route frayée : mais si je trouve un alignement plus droit, je le ſuivrai. Ceux qui nous ont devancés étoient nos guides, & non nos maîtres. La vérité luit pour tout le monde; mais elle n'eſt pas découverte : il reſte encore beaucoup à faire aux races futures.

XXIX.

On aime quand on eſt ami; mais quand on aime, on n'eſt pas un ami pour cela. L'ami eſt toujours utile: celui qui aime peut quelquefois nuire.

XXX.

On peut étudier à tout âge; mais non pas à tout âge être étudiant. Rien de plus honteux & de plus ridicule qu'un vieillard abécédaire. On doit amaſser dans la jeuneſse, & jouir dans la vieilleſse.

XXXI.

Ce que la présence a de plus doux, la main de notre ami le reproduit dans une lettre.

XXXII.

Les choses qui n'ont de mérite que la difficulté, il suffit de les voir une fois.

XXXIII.

Nul homme ne consentiroit à vivre, sa porte ouverte. Ce fut moins l'orgueil, que la honte, qui inventa les portiers ; &, de la maniere dont on vit, entrer chez quelqu'un sans être annoncé, c'est le prendre sur le fait. Eh ! que sert de se cacher, de fuir l'œil & l'oreille des hommes ? La bonne conscience veut des témoins ; la mauvaise, dans un désert, auroit encore des alarmes. Si vos actions sont honnêtes, qu'on les sache : sinon, que vous importe qu'on les ignore ? vous les savez ; & malheur à vous, si vous bravez un pareil témoin !

XXXIV.

Ce que la Philosophie a de plus grand, c'est de ne point regarder à la naissance. Pour elle on est toujours assez noble. Chacun de nous est précédé du même nombre d'aïeux ; l'origine de tous les hommes remonte au-delà des temps connus. La fortune, avec le temps, a confondu les rangs, & croisé toutes les races. Quel est donc le vrai noble ? c'est celui que la Nature a formé pour la vertu. Si vous me renvoyez aux anciens temps, chacun date d'une époque avant laquelle il n'y eut rien.

Une suite d'aïeux, alternativement illuſtres & obſcurs, menée des commencements du monde au ſiecle préſent : voilà la généalogie de tous les hommes. Un veſtibule rempli de portraits enfumés ne fait pas la nobleſſe : nul n'a vécu pour notre gloire; & ce qui fut avant nous n'eſt pas à nous.

XXXV.

LES Anciens nous ont laiſſé des découvertes à faire, plutôt que celles qu'ils ont faites. Peut-être même que bien des queſtions importantes ſeroient éclaircies, s'ils ne ſe fuſſent arrêtés aux ſuperflues. Que de temps on a perdu en chicanes de mots, en diſputes captieuſes qui n'exercent qu'une vaine ſubtilité, & qui rapetiſſent les plus beaux génies !

XXXVI.

L'AMITIÉ rend tout commun entre amis : les chagrins, les plaiſirs, ne sont plus à l'un des deux ; ils vivent ſolidaires. Eh ! peut-on être heureux, quand on n'enviſage que soi, quand on rapporte tout à ſon propre intérêt ? On ne vit pour soi qu'en vivant pour un autre. Sans doute la bienveillance générale mérite nos premiers hommages, parcequ'elle unit tous les hommes entre eux, parcequ'elle établit une même morale pour tout le genre humain, mais ſur-tout parcequ'elle conduit à cette aſsociation plus intime dont je parle, à la ſainte amitié. Ayez beaucoup de rapports avec l'homme, & vous les aurez tous avec votre ami.

XXXVII.

CHOISISSEZ pour modele le Sage, dont la conduite est une leçon : il dit ce qu'il faut faire, & le prouve en le faisant ; ce qu'il faut fuir, & n'est jamais surpris dans les fautes qu'il a condamnées. Prenez un guide qui gagne plus à être vu qu'entendu.

XXXVIII.

EN physique, tous les phénomenes, pour un œil observateur, sont signes les uns des autres : il en est de même en morale ; la moindre indication suffit pour juger des caracteres. La démarche, le geste, quelquefois une réponse, un doigt porté à la tête, un coup d'œil, annonce un débauché. L'homme caustique se décele par son ris ; le fou, par son air

& ſa contenance : chaque vice a ſes traits & ſa phyſionomie.

XXXIX.

L'ÉLOQUENCE eſt nuiſible quand elle abandonne les intérêts de la vertu & de la vérité pour les ſiens.

XL.

IL faut être éveillé pour raconter ſes ſonges, & guéri de ſes vices pour les avouer.

XLI.

ON ne vit pas pour ſoi, dès qu'on ne vit pour perſonne.

XLII.

LE ſilence n'eſt pas auſſi néceſſaire qu'on le croit pour la méditation. Les diſcours cauſent plus de diſtraction que les bruits : ils attirent la penſée, tandis que les bruits ne font que remplir & frapper l'oreille.

XLIII.

La nuit n'ôte pas les inquiétudes; elle ne fait que les suspendre, ou plutôt les changer. Pour les méchants, les nuits sont orageuses comme les jours. Le vrai calme est celui de la bonne conscience. Ne croyez pas l'ame tranquille parce-que le corps repose: souvent le sommeil n'est qu'un trouble d'une autre espece.

XLIV.

La vieillesse est le fruit de la sobriété; & si elle ne vaut pas un desir, elle ne mérite pas non plus un refus. Il est agréable de rester long-temps avec soi, quand on s'est rendu une jouissance digne de soi.

XLV.

Ces sanglots, ces pleurs immodérés, ſavez-vous d'où ils viennent? du deſir de ſe montrer ſenſible. On ne cede pas à la douleur, on veut en faire parade : ce n'eſt jamais pour soi ſeul qu'on eſt affligé. Malheureuſe folie! la douleur même a ſon oſtentation!

XLVI.

La triſteſse eſt, de tous les tableaux, celui dont les ſpectateurs ſe laſsent le plus promptement. Récente, elle trouve des conſolateurs, elle intéreſse quelque ame ſenſible. Vieillit-elle ; on s'en moque : & l'on fait bien; car elle eſt ou fauſse ou inſensée.

XLVII.

Une ame qui connoît la vérité, qui sait diſtinguer le bien du mal, qui n'apprécie les objets que d'après leur nature, & non d'après l'opinion, qui, par la pensée, se porte dans tout l'univers, en suit tous les mouvements, mais revient de la spéculation à la pratique; une ame dont la grandeur & la force ont pour base la justice, qui résiste aux menaces comme aux caresses, qui commande à la mauvaise fortune comme à la bonne, qui s'éleve au-dessus des événements nécessaires ou fortuits, qui ne voudroit pas de la beauté sans décence, de la foroe sans tempérance & sobriété; en un mot, une ame intrépide, inébranlable, que la violence ne peut abattre, ni le sort enorgueillir ou humilier: une telle ame est le tableau de la vertu.

XLVIII.

Le guerrier qui veille sur les retranchements, ſans craindre aucune invaſion, peut être auſſi brave que celui qui, les jambes coupées, ſe traîne encore ſur les genoux, & s'obſtine à ne pas rendre les armes : mais les acclamations ne retentiſſent que pour ceux qui reviennent ſanglants du champ de bataille. J'aime la vertu qui s'eſt exercée, débattue, fatiguée contre la fortune. Quoi ! je ne préférerois pas à la main ſaine & entiere du guerrier le plus intrépide, la main tronquée, les chairs retirées de Mutius Scævola ! Bravant à la fois la flamme & l'ennemi, il ſe tient immobile ; il regarde fixement ſa main couler ſur les charbons, juſqu'à ce que Porſenna, inſenſible à ſon ſupplice, mais jaloux de ſa gloire, fit arracher de force le braſier. Je ne mettrois pas cet héroïſme au premier rang! Oui, je le préfere à ces tranquilles vertus que la fortune n'a jamais éprouvées. Pourquoi? parcequ'il eſt plus rare de vaincre un ennemi par le ſacrifice de ſa main, que par les traits dont elle eſt armée. Eh quoi! me dira-t-on, ſouhaiteriez-vous un ſemblable bonheur? Pourquoi non? l'on eſt incapable de pareilles actions, quand on ne va pas juſqu'à les deſirer.

XLIX.

QUAND un Sage réſiſte à la douleur, peut-être a-t-il toutes les vertus à ſes ordres, quoiqu'on n'en voie qu'une, & ſur-tout la patience. Il a le courage; c'eſt lui qui ſouffre, qui endure, qui perſévere : la prudence ; c'eſt elle qui inſpire les réſolutions fortes, qui conſeille de ſouffrir courageuſement ce qu'on ne peut éviter : la conſtance ; c'eſt elle qui rend l'homme inébranlable dans ſes projets, & ſupérieur à la violence : enfin il a tout le cortege des vertus, elles sont inséparables ; toutes les actions honnêtes sont exécutées par une ſeule vertu, mais de l'avis de toutes.

L.

Ce qu'on apprend au moment de partir, quand ſervira-t-il, & à quoi ? A partir meilleur. N'en doutez pas, l'âge le plus fait pour la vertu, c'eſt quand l'expérience & les révolutions ont éclairé l'homme, quand ſes organes sont épuisés, & ſes paſſions apprivoisées. Alors il peut marcher ſans obſtacles vers le bonheur : la vieilleſse en eſt la ſaiſon ; & qui devient ſage dans la vieilleſse ne le devient que par elle.

LI.

Il n'y a pas de vice qui n'ait un ſalaire à offrir. L'avarice promet de l'argent ; la débauche, mille voluptés différentes ; l'ambition, la pourpre, les applaudiſsements & la puiſſance qui en eſt la suite, & tout le pouvoir qui accompagne la puiſſance. Chaque vice paie une ſolde : mais la vertu veut être ſervie gratuitement.

LII.

Nous tenons à la vie comme d'anciens locataires que l'habitude familiariſe avec les incommodités de leur demeure.

LIII.

Il faut une grande ame pour juger les grandes choſes : ſans quoi nous leur attribuons un vice qui vient de nous.

LIV.

Ne point étudier la Philoſophie, ou ne l'étudier que par intervalle, c'eſt la même choſe ; elle ne reſte jamais à l'endroit où on l'a quittée : ſemblable à un reſsort qui reprend ſon élaſticité après la compreſſion, elle retourne vers le point de repos auſſitôt qu'on ceſse de l'aſsujettir.

LV.

La Philoſophie ne renonce pas au génie ; mais elle ne veut pas qu'on ſacrifie bien du travail à des mots. Tout notre objet doit ſe réduire à dire ce que nous penſons, & à penſer ce que nous diſons. Que notre conduite ſoit d'accord avec nos diſcours. Le Philoſophe a rempli ſes engagements, quand c'eſt le même homme qu'on voit & qu'on entend : pour juger de ſon mérite, il faut voir s'il eſt un.

LVI.

LES diſcours du Philoſophe ne doivent pas chercher à plaire, mais à inſtruire. Si pourtant l'éloquence s'y joint ſans affectation, ſi elle s'offre d'elle-même, ou ſi elle coûte peu, à la bonne heure, qu'elle vienne à la ſuite d'objets aſsez importants pour ſe paſser de ſes ornements, mais qu'elle ſoit moins occupée de ſe montrer que les choſes. Il eſt des arts qui ſont totalement du reſsort de l'eſprit : celui-ci eſt du reſsort de l'ame.

LVII.

La perfection de chaque être eſt toujours relative à ſa deſtination, ou à l'uſage qu'on en fait : on n'exige pas qu'une regle soit belle, mais qu'elle soit droite. On peut raiſonner de l'homme comme des choſes. Quelle eſt ſa qualité diſtinctive ? c'eſt la raiſon : c'eſt par elle qu'il s'éleve au-deſſus des animaux ; tout le reſte lui eſt commun avec eux. Il ne s'agit point ici des qualités qu'il poſsede dans un degré plus éminent que les bêtes, mais de celles qui lui sont propres. Or il n'y a rien de propre à l'homme que ce qui lui fait mériter l'approbation ou le blâme. Si donc la qualité diſtinctive de l'homme eſt la raiſon, en perfectionnant ſa raiſon il deviendra louable, & atteindra le but de la Nature. Or, la raiſon ainſi perfectionnée eſt ce qu'on appelle vertu.

LVIII.

La vertu paſse fièrement entre la bonne & la mauvaiſe fortune, & jette sur l'une & l'autre un regard mépriſant.

LIX.

Tous les êtres sont liés & entraînés par une chaîne qu'on ne peut rompre, & dont il eſt impoſſible de changer la direction. Quand même vous ne voudriez pas ſuivre, vous seriez entraîné : faites volontairement ce que vous feriez malgré vous.

LX.

La vie eſt comme un drame; ce n'eſt pas ſa longueur, mais la façon dont il eſt joué, qui nous importe. Il n'eſt pas queſtion de ſavoir à quel endroit vous finirez : finiſsez où vous voudrez ; faites en ſorte ſeulement que le dénouement ſoit bon.

LXI.

DANS l'extrême maigreur qui fut la ſuite d'une longue maladie, j'eus pluſieurs fois la tentation de rompre avec la vie ; je fus retenu par la vieilleſse d'un pere qui m'aimoit tendrement : je ſongeai moins à la force que j'avois pour me donner la mort, qu'à celle qui lui manquoit pour en ſupporter la douleur. J'ai donc gagné ſur moi que je vivrois : il y a quelquefois du courage à vivre. Les principes philoſophiques ſur leſquels mon courage ſe fondoit produiſirent en moi l'effet des remedes.

Des consolations honnêtes sont en effet des remedes : tout ce qui éleve l'ame fortifie le corps en même temps. Mes études m'ont sauvé. C'est à la Philosophie que j'attribue mon rétablissement ou ma convalescence ; je lui dois la vie ; & c'est la moindre des obligations que je lui ai. Les exhortations, les soins, la conversation de mes amis, sont encore des soulagements qui ont beaucoup contribué au retour de ma santé. En effet, rien ne console & ne soutient autant un malade que l'attachement de ses amis ; rien ne lui fait autant d'illusion sur l'attente & les craintes de la mort. En les laissant me survivre, il me sembloit que je ne mourrois point ; je songeois que je vivrois, sinon avec eux, au moins par eux ; je ne croyois pas rendre l'ame, mais la leur transmettre.

LXII.

Le lit même peut devenir un théâtre pour la vertu. Ce n'est pas seulement les armes à la main & dans un champ de bataille, qu'on peut donner des marques d'un courage que la crainte ne peut abattre ; l'homme de cœur se montre même sur son oreiller.

LXIII.

Un seul jour d'un homme instruit, disoit Posidonius, est plus long que la plus longue vie des ignorants.

LXIV.

Il y a bien de la différence entre un sujet épuisé, & un sujet traité plusieurs fois. Les matériaux s'accumulent tous les jours; les anciennes découvertes ne font aucun obſtacle aux nouvelles.

LXV.

La gloire eſt l'ombre de la vertu; elle l'accompagne même malgré elle. Mais ainſi que l'ombre tantôt précede & tantôt suit le corps; de même la gloire quelquefois marche devant nous, & ſe montre à découvert; quelquefois elle ſe tient en arriere: & quand c'eſt l'envie qui l'a forcée de ſe cacher, elle eſt d'autant plus grande qu'elle eſt plus tardive.

LXVI.

Épicure ayant ſurvécu de pluſieurs années à Métrodore, dans une lettre où il ſe rappelle avec plaiſir l'amitié qui les avoit unis, ajoute à la fin, « qu'au milieu de tant de

« jouissances, ils ne s'étoient pas
« mal trouvés d'être demeurés in-
« connus, même de nom, à toute
« la Grece. »

LXVII.

C'EST être né pour peu de monde que de regarder comme tout son siecle le peuple qui vit en même temps que nous. Il surviendra des milliers d'années & de peuples; c'est vers eux qu'il faut étendre vos regards. Quand même la jalousie imposeroit silence à tous vos contemporains, il viendra des juges qui vous apprécieront sans fiel & sans partialité.

LXVIII.

L'HYPOCRISIE sert peu; la teinte légere d'un enduit extérieur n'en impose qu'à peu de gens. La vérité, de quelque côté qu'on la regarde, eſt toujours la même. La fauſseté n'a pas de conſiſtance; le menſonge eſt tranſparent; avec de l'attention on peut voir au travers.

LXIX.

LAISSEZ aller les bienfaits, duſſent-ils ne jamais revenir. La découverte d'un homme reconnoiſsant n'eſt pas trop payée par un eſsai sur quelques ingrats.

LXX.

JE ne trouve perſonne qui reſpecte plus la vertu, qui lui ſoit plus dévoué, que celui qui renonce à la réputation d'homme de bien pour ne pas trahir ſa conſcience.

LXXI.

COMME les préjugés des individus ont formé le préjugé public; le préjugé public forme à ſon tour celui des individus.

LXXII.

Il n'y a pas de haine plus dangereuſe que celle que produit la honte d'un bienfait qui rend inſolvable.

LXXIII.

L'AMOUR de soi, le deſir de ſa propre conſervation, sont des ſentiments inhérents à l'homme, ainſi que la répugnance à la diſsolution, qui ſemble nous ravir une foule de biens, & nous tirer de ce cercle d'objets auxquels nous ſommes accoutumés.

LXXIV.

On a autant peur de n'être nulle part après la mort, que d'être dans les enfers.

LXXV.

SI l'on m'en croyoit, on banniroit cette ſcience futile qu'on nomme dialectique, à l'aide de laquelle on environne de pieges celui qu'on interroge, pour le conduire à des aveux imprévus, à des réponſes contraires à ſa pensée. Il faut être plus ſimple, quand on cherche la vérité.

LXXVI.

L'HOMME devroit toujours agir comme s'il avoit des témoins de ſa conduite, penſer comme ſi l'on pouvoit voir le fond de ſon cœur; & cela eſt réellement poſſible.

LXXVII.

L'IVRESSE allume & décele tous les vices; elle écarte la honte, le principal obſtacle des projets criminels: en effet, plus de gens s'abſtiennent du mal par la honte de pécher, que par amour de la vertu. Quand la violence du vin se fait sentir à l'ame, elle en fait sortir tous les vices qui s'y trouvoient enfouis : l'ivresse ne les fait pas naître, elle les manifeste.

LXXVIII.

NOUS devons imiter les abeilles, & séparer, comme elles, tout ce que nous avons recueilli de nos différentes lectures. La méthode est le principal agent de la mémoire : de plusieurs idées rassemblées, ne formons qu'un seul corps de doctrine, afin que, si l'on s'appercevoit d'où elles ont été prises, on s'apperçût en même temps qu'elles ne sont pas telles qu'on les a prises. Telle est la marche que doit suivre notre esprit :

il faut qu'il cache tous les ſecours empruntés, pour ne laiſser voir que l'uſage qu'il en a fait.

LXXIX.

L'AMBITION ne connoît point de bornes : elle craint autant de voir quelqu'un devant elle que derriere.

LXXX.

LES vices ne s'apprivoiſent jamais de bonne foi. Il eſt plus facile de s'oppoſer à leur naiſſance, que de les contenir quand ils ont déjà pris racine.

LXXXI.

QUAND la fortune favoriſe certaines gens, c'eſt comme ſi une piece de monnoie tomboit dans des latrines.

LXXXII.

LE plus grand ſupplice des crimes

eſt en eux-mêmes : ce n'eſt pas à la priſon ni au bourreau qu'il faut les renvoyer ; auſſitôt qu'ils ſont commis, dans le moment même qu'on les commet, ils reçoivent leur châtiment.

LXXXIII.

CE qu'un ſeul peuple a ravi à tous, il eſt plus facile à tous de le ravir à un ſeul.

LXXXIV.

SAVOIR craindre & ſavoir deſirer : deux ſciences ſans leſquelles tout ce qu'on ſait eſt inutile.

LXXXV.

RECHERCHER lequel étoit le plus ancien d'Homere ou d'Héſiode, eſt auſſi peu important que de ſavoir ſi Hécube étoit plus petite qu'Hélene, & pourquoi celle-ci parut plus âgée qu'elle n'étoit. Il faut ſavoir ces inutilités quand on veut ſavoir bien des choſes.

LXXXVI.

Il y a une sorte d'intempérance à vouloir ſavoir plus que le beſoin n'exige. Les vaines recherches rendent les ſavants inſupportables, bavards, importuns, ſuffiſants, & peu occupés d'apprendre le néceſsaire quand ils sont pourvus du ſuperflu. Le Grammairien Didyme a écrit quatre mille volumes. Ces livres sont conſacrés, les uns à rechercher quelle fut la patrie d'Homere, les autres quelle fut la mere d'Enée; dans ceux-ci il examine ſi Anacréon étoit plus adonné aux femmes qu'au vin; dans ceux-là, ſi Sapho étoit une courtiſane publique; ainſi que beaucoup d'autres queſtions de ce genre, qu'il ſeroit bon d'oublier ſi on les ſavoit. Venez nous dire maintenant que la vie eſt courte!

LXXXVII.

ÉTUDIEZ, non pour ſavoir plus, mais pour ſavoir mieux que les autres.

LXXXVIII.

LA vertu n'entre que dans une ame cultivée, éclairée, perfectionnée par un exercice continuel : nous naiſſons pour elle, mais non pas avec elle. Les hommes le plus heureuſement nés ont, avant l'inſtruction, des diſpoſitions à la vertu, mais ne ſont pas vertueux.

LXXXIX.

ON peut tout ce qu'on veut, quand on sait qu'on ne veut que ce qu'on doit.

XC.

NOUS naiſsons inégaux, mais nous mourons égaux. L'auteur des loix communes à tout le genre humain n'a établi les diſtinctions de la naiſsance & des rangs, que pour le temps où nous vivons : quand on eſt arrivé au terme fatal, il dit à l'ambition de diſparoître, & veut que tout ce qui peſe ſur la terre ſubiſse la même loi.

XCI.

ALEXANDRE avoit commencé l'étude de la géométrie : cette ſcience abſtraite, & qui demande la plus grande contention d'eſprit, lui paroiſsoit pénible. « Enſeignez-moi, « diſoit-il, des choſes plus faciles. « Elles sont pour vous comme pour « les autres, lui répondit ſon maître,

« également difficiles pour tout le « monde ». Voilà le langage que la Nature nous tient : les événements dont vous vous plaignez, dit-elle, sont les mêmes pour tout le monde; il est impossible d'en adoucir l'amertume pour qui que ce soit; mais chacun le peut pour son compte.

XCII.

IL n'y a point d'homme riche qui soit aussi heureux de ce qu'il a, que malheureux de ce qu'il n'a pas.

XCIII.

QUE servent à tel homme quatre-vingts ans passés dans l'inaction? ce n'est pas avoir vécu, mais avoir traversé la vie; ce n'est pas être mort tard, c'est avoir été mort très long-temps. C'est par les actions, & non par la durée, qu'il faut mesurer la vie. Il a vécu quatre-vingts ans : dites qu'il a existé pendant quatre-vingts ans ; à moins que vous n'entendiez qu'il a vécu comme l'on dit que les arbres vivent.

XCIV.

UNE chose inutile est trop chere, quand même elle ne coûteroit qu'une bagatelle.

XCV.

L'HOMME apporte en naissant les germes de tous les sentiments honnêtes ; les avertissements les développent, comme un souffle léger étend les feux d'une étincelle.

XCVI.

LES loix ne persuadent point, parcequ'elles menacent : au lieu que les préceptes sont plutôt faits pour persuader que pour contraindre. Ils ont encore plus d'efficace que les châtiments, & pénetrent plus avant dans l'ame; parceque la raiſon vient au ſecours des préceptes ; parce-qu'elle ajoute pourquoi il faut faire chaque action ; parcequ'elle montre la récompenſe deſtinée à celui qui, dans la pratique, ſe conforme à ces préceptes : eſpeces d'édits qui contiennent & enchaînent nos paſſions.

XCVII.

VOUS verrez par-tout des Etats avoir de mauvaiſes mœurs, pour avoir eu de mauvaiſes loix.

XCVIII.

RIEN de plus propre à rendre une ame honnête, à fixer ſes incertitudes, à redreſser ſes penchants vicieux, que le commerce des gens de bien : leurs diſcours, leur ſimple vue, ont une influence qui ſe fait ſentir juſqu'au fond des cœurs, & tient lieu de préceptes. La ſeule rencontre des hommes vertueux eſt un avantage réel ; il y a toujours à profiter avec un grand homme, ſans même qu'il parle. Il ne me seroit pas aisé de vous expliquer par quel méchaniſme je deviens meilleur ; mais je ſens que je le deviens.

XCIX.

En détériorant les autres, on devient soi-même plus méchant : on apprend le mal, ensuite on l'enſeigne.

C.

Nul vice n'eſt renfermé en lui-même.

CI.

Une action ne peut être droite,

ſi la volonté ne l'eſt pas, parceque la volonté eſt le principe de l'action. Un ami ſe tient à côté du lit de ſon ami malade ; nous l'approuvons : mais s'il a la ſucceſſion en vue, c'eſt un vautour qui attend un cadavre. Les mêmes choſes peuvent donc être honteuſes & honnêtes; c'eſt l'intention & la maniere qui les caractériſent.

CII.

La Nature, en nous formant des mêmes principes & pour la même deſtination, nous a rendus freres : c'eſt elle qui nous a inſpiré une bienveillance mutuelle, & qui nous a rendus ſociables; c'eſt elle qui a établi la juſtice & l'équité; c'eſt en vertu de ſes loix qu'il eſt plus malheureux de faire du mal que d'en recevoir ; c'eſt elle qui nous a donné deux bras pour aider nos ſemblables. Ayons donc toujours dans le cœur & dans la bouche ce vers de Térence : « Je suis homme, & rien de « ce qui intéreſſe l'humanité ne m'eſt « indifférent ». Nous avons une naiſſance commune : notre ſociété reſſemble aux pierres des voûtes, dont l'obſtacle mutuel fait le ſupport.

CIII.

On ſe trompe ſi l'on regarde comme des vices propres à notre ſiecle, le luxe, l'oubli des mœurs, & les autres déréglements que chaque déclamateur impute à l'âge où il vit. Ce sont les vices des hommes, & non des temps.

CIV.

Le crime peut jouir de l'impunité, jamais de la sécurité. Avec l'insuffisance de nos loix, de nos juges, de nos châtiments, quel malheur pour l'humanité, si les méchants n'avoient à redouter ces supplices naturels & rigoureux; & si, au défaut du repentir, la crainte ne s'emparoit de leurs ames!

CV.

La vie n'est ni un bien ni un mal; elle n'est que le lieu de l'un & de l'autre: mourir, c'est quitter un jeu de hasard, où il y a plus à perdre qu'à gagner.

CVI.

Il y a de l'inhumanité, & non pas du courage, à voir les funérailles de ses proches des mêmes yeux qu'on les voyoit eux-mêmes; à ne point être ému au premier moment de la séparation. Mais n'ajoutons pas à notre douleur, ne l'accroissons pas sur le modele de celle des autres. L'ostentation de la douleur est plus exigeante que la douleur même : il y a peu de gens qui soient tristes pour eux-mêmes. On gémit plus fort quand on est entendu : muet & tranquille dans la solitude, on s'excite à de nouveaux transports quand il survient des témoins ; c'est alors qu'on se frappe la tête, tandis qu'on pouvoit le faire plus librement quand il n'y avoit personne qui pût en empêcher ; c'est alors qu'on se souhaite le trépas, qu'on se roule sur le lit du mort : le calme renaît aussitôt que les spectateurs disparoissent. L'affliction, comme tout le reste, est une affaire de mode : on ſe regle ſur la multitude, on suit la coutume, plutôt que le devoir.

CVII.

OUBLIER ſes proches, enterrer leur mémoire avec leur cadavre, les pleurer avec excès, & s'en ſouvenir fort peu : voilà les traits d'une ame inſenſible. Une pareille conduite eſt indigne d'un homme ſage : il doit continuer à ſe ſouvenir, & ceſser de pleurer.

CVIII.

BIEN loin que la multitude puiſse avoir un même avis, chacun d'eux n'en a pas même un ſeul.

CIX.

MALGRÉ les ſujets les plus preſsants de mourir, il faut rappeller, par égard pour les ſiens, une vie destinée même aux tourments ; il faut retenir son dernier souffle sur le bord des levres. Un homme de bien doit vivre, non pas autant que cela lui convient, mais autant que la nécessité l'exige. Celui qui ne fait pas asez de cas de sa femme, de ses amis, pour séjourner quelque temps de plus dans la vie, & qui s'obstine à mourir, est un homme trop délicat. Il faut que l'ame du sage se commande sur ce point, quand l'utilité des siens l'exige ; il faut qu'il renonce à la volonté de mourir, qu'il interrompe même le sacrifice déjà commencé, pour se rendre à sa famille. Il y a de la grandeur de retourner à la vie pour l'intérêt des autres ; c'est ce qu'ont souvent fait des hommes célebres. De plus, il y a de l'humanité à conſerver ſoigneuſement ſa vieilleſse, cet âge dont les fruits sont plus abondants & la garde moins pénible, cet âge qui fait un uſage plus vigoureux de la vie, quand on sait qu'elle eſt agréable, utile & deſirable pour quelqu'un des ſiens. D'ailleurs, ce soin eſt accompagné d'une joie intérieure qui en eſt la récompenſe. Quoi de plus doux que d'être aſsez cher à ſa femme pour en devenir plus cher à soi-même ?

CX.

SOCRATE répondit à un homme qui ſe plaignoit d'avoir peu tiré de ſecours de ſes voyages : « Je n'en « suis pas ſurpris ; vous voyagiez « avec vous ». Quel bonheur ce seroit pour bien des gens de pouvoir ſe perdre !

CXI.

Il n'y a perſonne qui n'ait aſsez de force pour nuire. Ajoutez qu'on ne peut ſe faire craindre, ſans craindre ſoi-même ; ni être redoutable avec ſécurité.

CXII.

On ſubit la punition quand on l'attend, & on l'attend quand on la craint.

CXIII.

Des loix ſont juſtes, non quand elles ſont obſervées par tous, mais quand elles ont été faites pour tous.

CXIV.

Les mêmes choſes ſont écoutées avec moins d'attention, & font moins d'impreſſion, quand elles ſont dites en proſe : lorſque le rhythme s'y joint, lorſqu'une penſée brillante eſt reſserrée dans une meſure fixe, elle frappe comme la pierre lancée par une fronde.

CXV.

Si je ne m'abſtiens pas, du moins je me contiens ; ce qui touche de bien près à l'abſtinence, & ce qui eſt peut-être plus difficile. Il eſt des habitudes qu'il eſt plus aiſé de rompre que de régler.

CXVI.

Il n'y a pas d'hommes qui faſsent plus de tort au genre humain, que ceux qui ont appris la Philoſophie comme un métier lucratif, & qui vivent autrement qu'ils n'enſeignent à vivre : ils ſe donnent eux-mêmes pour exemple de l'inutilité de leur ſcience, étant ſujets à tous les vices contre leſquels ils s'élevent.

CXVII.

CEUX qui sont inutiles aux autres ne le sont point à eux-mêmes.

CXVIII.

LA ſuperſtition eſt une erreur inſensée : elle craint ceux que l'on devroit aimer ; elle outrage ceux qu'elle adore. Quelle différence y a-t-il en effet entre nier l'exiſtence des Dieux, & les diffamer ?

CXIX.

AVANT de prêter on s'informe avec soin de la fortune & des biens de l'emprunteur ; on ne riſque point de ſemer dans une terre ſtérile ou épuisée : mais pour les bienfaits, nul diſcernement ; on ne les place pas, on les jette à l'aventure. Il ne faut donc pas ſe plaindre quand on n'en a pas recueilli le fruit ; ils étoient perdus dès l'inſtant même du placement.

CXX.

SI nous trouvons beaucoup d'ingrats, nous en faiſons encore plus. Peut-on être reconnoiſſant d'un bienfait plutôt extorqué qu'accordé ; d'un bienfait que vous avez laiſsé tomber du haut de votre orgueil, ou jetté avec colere, ou accordé par fatigue, pour vous délivrer d'un importun ? N'attendez pas de retour d'un homme que vous avez laſsé par vos délais, ou tourmenté par l'attente.

CXXI.

OBLIGER tard, c'eſt avoir antérieurement refusé long-temps.

CXXII.

L'EMPREINTE des injures eſt plus profonde que celle des ſervices; ceux-ci s'effacent bientôt, tandis que la mémoire conſerve fidèlement les premieres. Des ſervices mal rendus sont mal reconnus : un bienfait eſt ſenti comme il eſt accordé. Que peut-on attendre d'un homme qu'on offenſe en l'obligeant ? c'eſt aſsez reconnoître un pareil bienfait que de le pardonner.

CXXIII.

LA fortune a beau élever un homme, elle lui laiſse toujours à craindre autant de maux qu'elle le met à portée d'en faire.

CXXIV.

IL y a autant de foibleſse à faire le mal qu'à le permettre.

CXXV.

QUICONQUE méprise sa vie est maître de la vôtre.

CXXVI.

C'EST le propre d'une ame grande & vertueuse d'envisager moins le fruit des bienfaits, que les bienfaits mêmes, & de chercher encore un homme de bien à la suite d'une foule de méchants. Quel mérite y auroit-il à être bienfaisant, si jamais on n'étoit trompé? La vertu consiste à répandre des bienfaits qui ne reviendront pas, mais dont l'homme bienfaisant & généreux recueille le fruit au moment même.

CXXVII.

IL est faux qu'il faille perdre un grand nombre de bienfaits, pour réussir une seule fois à les bien placer : il ne s'en perd aucun. La perte ſuppoſe un calcul, & la bienfaiſance ne calcule pas : elle ne fait qu'avancer des fonds; s'ils lui rentrent, c'eſt un pur gain; s'ils ne rentrent pas, il n'y a point de perte.

CXXVIII.

COMBIEN d'hommes ont manqué d'amitié plutôt que d'amis!

CXXIX.

JE n'aime à apprendre que pour enſeigner ; & la plus belle découverte ceſſeroit de me plaire, ſi elle n'étoit que pour moi. Non, je ne voudrois pas de la ſageſſe même, à condition de la tenir enfermée en moi-même. La poſſeſſion n'eſt agréable qu'autant qu'on la partage.

CXXX.

VOUS me demandez quels progrès j'ai faits ? Je commence à être l'ami de moi-même. Voilà ſans doute un grand pas : il ne sera jamais ſeul ; l'ami de soi-même eſt l'ami de tous les hommes.

CXXXI.

Les diſciples de Socrate lui offroient des préſents proportionnés à leurs facultés. Son diſciple Eſchines, qui étoit pauvre, lui dit : Je n'ai rien qui ſoit digne de vous être offert, & ce n'eſt que par là que je ſens ma pauvreté : je vous donne donc le ſeul bien que je poſsede, c'eſt moi-même. Ce préſent, tel qu'il eſt, je vous prie de ne pas le dédaigner, & de ſonger que les autres, en vous donnant beaucoup, s'en sont encore beaucoup plus réſervé. Et pourquoi, lui dit Socrate, votre présent ne seroit-il pas considérable ? à moins que vous ne vous estimiez bien peu. J'aurai soin de vous rendre à vous-même meilleur que je ne vous ai reçu.

CXXXII.

On hait le riche, & on lui fait la cour : sa conduite est odieuse à ceux mêmes qui l'imiteroient s'ils étoient dans sa position.

CXXXIII.

Autour des hommes opulents, on voit une foule d'amis ; autour des gens ruinés, une vaste solitude. Les amis se dispersent au moment de l'épreuve ; de là tant d'amis devenus, par la crainte, ou traîtres ou déserteurs. Il faut que la fin réponde au commencement. Lié par intérêt, on trouvera quelques motifs pour rompre, comme on en a trouvé d'autres que l'amitié même pour s'engager.

CXXXIV.

La timidité, présage heureux dans un jeune homme, vient, comme la rougeur du visage qui en est l'effet, non de la foiblesse de l'ame, mais de la nouveauté des objets, & du défaut d'expérience. Elle produit dans l'homme, sinon un ébranlement total, au moins une émotion passagere : elle est aidée par la disposition naturelle du corps. La raison ni l'habitude ne peuvent rien contre de telles émotions : indépendantes de l'homme, elles viennent sans qu'il les appelle, elles s'en vont sans qu'il les chasse. Voyez les pantomimes ; ils savent imiter les pasſions, exprimer la crainte, l'effroi, la triſteſſe : pour la honte, ils ne peuvent que l'indiquer ; une voix baſſe, des yeux fixés en terre, voilà toutes leurs reſſources : en vain ils tâcheroient de produire la rougeur ſur leur viſage ; il eſt auſſi impoſſible de ſe la procurer que de s'en garantir.

CXXXV.

AUCUN de ceux qui diſent du mal de la mort n'en a fait l'épreuve.

CXXXVI.

L'ESPECE de fiançailles aujourd'hui la plus décente, eſt l'adultere : devenu célibataire par un veuvage de convention, on n'a plus que la femme qu'on a enlevée à un autre. On diſſipe le bien d'autrui, on répare ſes pertes par de nouvelles rapines : plus de honte, plus de frein. La pauvreté eſt un objet de mépris dans les autres, & le plus grand des malheurs pour soi-même : la paix eſt troublée par l'injuſtice ; le foible eſt écrasé par la violence & la crainte. Que les provinces ſoient pillées, que la juſtice vénale ſoit miſe à l'enchere ; n'en ſoyons pas ſurpris : le droit des gens permet de vendre ce qu'on a payé.

CXXXVII.

LE vice reſte & reſtera toujours au même point, à quelques déplacements près au-delà ou en-deçà : il en eſt de lui comme des flots de l'Océan, que le flux pouſse au-delà des rivages, & que le reflux fait rentrer dans leur lit.

CXXXVIII.

Il faut obliger, ſans eſpoir de retour, ceux qu'on préſume devoir être ingrats, & même qu'on sait l'avoir été. Ne plus faire éprouver de bienfaits, parcequ'ils ne sont pas rentrés, c'eſt les avoir répandus pour qu'ils revinſsent : c'eſt juſtifier les ingrats, puiſqu'enfin il ne leur eſt honteux de ne pas s'acquitter, que parcequ'il leur eſt permis de ne pas le faire.

CXXXIX.

On donne toujours trop tard, quand on donne après la demande : il faut deviner la volonté, prévenir le beſoin, & ſoulager l'homme honnête du peſant fardeau de demander. Il n'y a rien de plus cher que ce qui coûte des prieres.

CXL.

De tous les objets de nos terreurs, le plus puiſsant eſt celui qui a le plus de tableaux à montrer. La faim, la ſoif, la pulmonie, la fievre chaude, sont des maux auſſi graves; mais on ne les voit pas, ils n'ont point de cortege, point d'eſcorte : les autres sont comme ces grandes armées dont la ſeule vue décide la victoire.

CXLI.

Cet enchaînement néceſsaire, cette ſucceſſion éternelle, d'où réſulte la fatalité, c'eſt l'emblême de nos deſirs : la fin de l'un eſt la naiſſance de l'autre.

CXLII.

La plupart des bienfaiteurs temporiſent par vanité, pour ne pas diminuer le nombre des ſolliciteurs :

tels sont les Miniſtres dépoſitaires de l'autorité royale. Enivrés du long ſpectacle de leur orgueil, ils croiroient avoir moins de puiſſance, s'ils ne la montroient à chacun, ſouvent & à pluſieurs repriſes. Ils n'accordent jamais ſur-le-champ, ni en une ſeule fois. Ils font le mal bruſquement, & le bien lentement.

CXLIII.

M. ALLIUS, ancien Préteur, homme ſans conduite, pria Tibere de l'aider à payer ſes dettes. L'Empereur lui en demanda le mémoire: ce n'étoit pas faire une largeſſe, mais une aſſemblée de créanciers. Il écrivit au bas du mémoire un ordre d'en payer le montant au débauché Allius. Par cette apoſtille injurieuſe, il le ſoulagea, & du poids de ſes dettes, & de celui de la reconnoiſsance; il le délivra de ſes créanciers ſans ſe l'attacher. Cependant Tibere pouvoit avoir un but; celui d'empêcher qu'on ne l'importunât de pareilles demandes : peut-être cette conduite étoit-elle propre à réprimer, par la honte, l'inſatiable avidité des Romains. En matiere de bienfait, il faut ſuivre une route bien différente : celui de Tibere n'en fut pas un, ce fut une note d'infamie; &, pour dire en paſsant ce que je penſe ſur ce ſujet, il me paroît indécent, même à un Prince, de donner, pour flétrir. Encore ne put-il pas, comme il s'en étoit flatté, ſe délivrer par là des importuns : peu de temps après, il ſe trouva des gens qui lui firent la même demande; il les obligea de motiver leurs dettes, en plein Sénat, & ne leur donna de l'argent qu'à cette condition.

Ce n'eſt point là une libéralité; c'eſt une cenſure : ce n'eſt pas un ſecours ſalutaire, mais une aumône de Prince. Je n'appelle pas bienfait, un don que je ne puis me rappeller ſans rougir : il m'a fallu, pour obtenir, comparoître devant un tribunal; & j'ai plaidé ma cauſe.

CXLIV.

QUAND on eſt vertueux par haſard, on n'eſt point sûr qu'on le ſera toujours. En ſuppoſant même qu'un tel homme faſſe ce qu'il doit, il ne le fera pas continuellement, il ne le fera pas également, parcequ'il ne connoît pas les motifs qui le déterminent à agir ainſi. Le haſard, l'habitude, tireront de lui quelque action honnête; mais il n'aura rien qui l'assure que ce qu'il a fait est honnête.

CXLV.

Nos volontés n'ont pas de but; l'homme ne sait ce qu'il veut, qu'au moment où il veut: nul n'est décidé d'avance à vouloir ou ne pas vouloir. D'un jour à l'autre les jugements changent & se contrarient, &, pour la plupart des hommes, la vie n'est qu'un jeu de hasard.

CXLVI.

Il faut quelquefois tromper celui qu'on oblige, de maniere qu'il jouisse du bienfait sans en connoître l'auteur, & qu'il trouve plutôt qu'il ne reçoive le secours dont il a besoin. Quoi! direz-vous, mon ami ne ſaura pas qui l'a obligé ? Oui, qu'il l'ignore, ſi cela même fait partie du bienfait. D'ailleurs, quand il ne ſauroit pas qu'il a reçu, je ſaurai toujours que c'eſt moi qui ai donné. Foible avantage ! direz-vous encore. D'accord, ſi vous voulez placer à intérêt ; mais ſi vous ne voulez que donner, vous donnerez de la maniere la plus utile pour celui que vous obligez : votre propre témoignage vous ſuffira ; autrement vous n'êtes pas ſenſible au plaiſir de faire du bien, mais à celui de paroître en avoir fait.

CXLVII.

LA convention tacite entre le bienfaiteur & l'obligé, c'eſt que l'un oublie ſur-le-champ qu'il a donné, & que l'autre n'oublie jamais qu'il a reçu. C'est à l'obligé à parler ; le bienfaiteur doit se taire : sans quoi l'on pourroit lui appliquer ce que disoit un homme à quelqu'un qui se vantoit de l'avoir obligé : Nierez-vous que je vous aie rendu votre bienfait ? — Quand donc ? — Souvent, & en tous lieux ; autant de fois & en autant de lieux que vous l'avez publié.

CXLVIII.

L'EXCÈS de la bienfaisance est aussi vicieux que le défaut. Alexandre fit présent d'une ville à un simple particulier. Celui-ci se rendant justice, & voulant éviter l'odieux d'un tel bienfait, répondit qu'un présent de cette importance n'étoit pas proportionné à sa fortune. « Je n'examine pas, lui dit Alexandre, ce

« qu'il te convient de recevoir, mais « ce qu'il me convient de donner ». On trouve ce mot héroïque & sublime, & c'eſt le mot d'un fou. Il n'y a pas de convenance abſolue : elle eſt toujours relative à la choſe, à la perſonne, aux temps, aux biens, aux motifs, aux autres circonſtances, ſans leſquelles le caractere de l'action eſt indécis.

CXLIX.

CE que par vous-même vous n'auriez jamais découvert, la pauvreté vous l'apprendra : elle saura trier vos vrais amis, & diſſiper ceux qui cherchoient en vous autre choſe que vous-même.

CL.

« CROYEZ-MOI, dit Epicure, un « grabat, des haillons, donnent aux

« discours une grandeur plus impo-« sante ». En cet état, on fait plus que parler, on prouve. Pour moi les paroles de notre Démétrius me font une tout autre impression, depuis que j'ai vu ce grand homme nu, étendu sur la paille ; il n'est plus à mes yeux l'interprete, c'est le martyr de la vérité.

CLI.

On n'est pas obligé, pour avoir reçu ce qu'on n'est pas le maître de refuser. Pour savoir si je consens, laissez-moi libre de ne pas consentir. Cependant il vous a donné la vie. Que m'importe ce qu'on me donne, si le consentement n'est pas réciproque ? Pour m'avoir conservé, vous n'êtes pas mon conservateur.

CLII.

On n'eſt jamais autant eſtimé par un autre que par soi-même.

CLIII.

Souvent la grêle paſse à côté des champs d'un ſcélérat pour aller détruire les moiſsons de l'homme de bien.

CLIV.

Il n'y a pas de loi qui ſpécifie ce que c'eſt qu'un ingrat : ſouvent on l'eſt, quoiqu'on ait acquitté le bienfait ; ſouvent on eſt reconnoiſsant, même ſans l'avoir acquitté. L'ingratitude eſt donc un vice dont les tribunaux ne doivent point connoître. Si je cite en juſtice l'homme ingrat, ſi j'implore le juge contre lui comme en vertu d'une obligation pécuniaire, ou d'un contrat, ce n'eſt plus un bienfait, c'eſt une créance. L'homme reconnoiſsant ne ſera pas plus louable que celui qui rend un dépôt ou qui paie ſes dettes ſans ſe laiſser aſſigner. En un mot, il n'y aura plus de mérite à être reconnoiſſant, s'il n'y a pas de ſûreté à être ingrat.

CLV.

LES Epîtres de Cicéron ne laiſseront point périr la mémoire d'Atticus. Ni ſon gendre Agrippa, ni Tibere mari de ſa petite-fille, ni Druſus ſon arriere-petit-fils, n'auroient pas ſervi beaucoup à ſa gloire. Parmi ces noms illuſtres le ſien ne ſeroit pas cité, ſi Cicéron ne l'eût comme aſsocié à ſon immortalité.

CLVI.

TOUS les hommes que la Fortune

a produits ſur la ſcene, dont elle a fait les ſuppôts & les inſtruments du pouvoir d'autrui, tous ont eu de leur vivant du crédit & des flatteurs. Ils sont morts, & leur mémoire après eux s'eſt bientôt évanouie. Mais la gloire des hommes de génie va toujours en croiſsant : les hommages de la poſtérité ne ſe bornent pas à eux ſeuls ; ils rejailliſsent ſur tous les noms attachés à leur mémoire.

CLVII.

IL y a du danger à donner trop de notoriété aux crimes. La honte diminue à meſure que croît le nombre des coupables : un vice général ceſse d'être un opprobre.

CLVIII.

C'EST être d'une ſimplicité digne du vieux temps, que d'ignorer que l'adultere avec un ſeul amant n'eſt plus qu'un mariage ordinaire.

CLIX.

OU EST l'homme aſsez grand pour que la fortune ne le mette pas dans le cas d'avoir beſoin même des plus petits ?

CLX.

CE n'eſt pas un ſentiment ſervile qui fait acheter une bonne action en ſe faiſant paſser pour criminel.

CLXI.

RIEN de plus aisé que de ſe dérober aux occupations, quand on en mépriſe le ſalaire. C'eſt ce ſalaire qui nous retient & nous arrête. Voilà ce que l'homme quitte à regret : s'il déteſte les peines, il en chérit les fruits : l'ambition eſt une maîtreſse qu'il querelle. N'en ſoyez pas la dupe; c'eſt de l'humeur, & non de la haine.

CLXII.

On n'eſt plus noble qu'un autre, que quand on a plus de vertus & de talents. Tous ces hommes dont les veſtibules sont ornés de portraits, d'une longue suite de noms, de longues généalogies, ont plutôt de l'illuſtration que de la nobleſse.

CLXIII.

Il n'eſt point d'hommes plus diſposés à opprimer les autres, que ceux qui ont appris à faire des outrages à force d'en recevoir.

CLXIV.

La vertu eſt ſi belle, que les méchants eux-mêmes ne peuvent s'empêcher d'approuver les actions vertueuſes. Quel eſt l'homme qui, au milieu même des crimes & des injuſtices, n'aſpire à la réputation d'homme de bien ; qui ne couvre de quelque apparence d'honnêteté ſes actions les plus criminelles ? On ne ſe conduiroit pas de cette maniere, ſi l'amour de la vertu pure ne nous forçoit à rechercher une réputation qui démente notre conduite, & à cacher une méchanceté dont on rougit, quoiqu'on en deſire les fruits. Perſonne ne s'eſt aſsez écarté de la loi naturelle, aſsez dépouillé du caractere d'homme, pour être méchant pour le plaiſir de l'être. Demandez à ces gens qui vivent de rapine, s'ils n'aimeroient pas mieux obtenir par des voies honnêtes les objets qu'ils ſe procurent à force de brigandages. Le voleur de grand chemin, qui gagne ſa vie en aſsaſſinant les paſsants, aimeroit bien mieux trouver la même ſomme que de la ravir.

En un mot, vous ne trouverez perſonne qui n'aimât mieux jouir des fruits de la méchanceté ſans la méchanceté même. Une des plus grandes obligations que nous ayons à la Nature, c'eſt que la lumiere de la vertu pénetre dans toutes les ames : ceux mêmes qui ne la ſuivent pas sont forcés de la voir.

CLXV.

La volupté eſt ſur les bords de la douleur ; elle y tombe, ſans la plus grande juſteſse d'équilibre.

CLXVI.

L'HOMME ne tombe pas tout-à-coup dans la mort ; il s'avance vers elle pas à pas. Chaque jour, nous mourons ; chaque jour nous enleve une partie de notre vie, & notre croissance même n'est qu'un décroissement de la vie. Ce n'est pas l'écoulement de la derniere goutte, mais des précédentes, qui vuide une clepsydre : ainsi le jour où l'on cesse de vivre ne fait pas la mort, mais la consomme ; on arrive au terme, mais on étoit en route déjà depuis long-temps. Il y a donc plus d'une mort, celle qui nous enleve n'est que la derniere.

CLXVII.

SUPPOSEZ l'homme isolé : qu'est-il ? la proie de tous les animaux, la victime la plus foible & la plus facile à immoler. Foible & nu, l'association fait toute sa force. La Nature lui a donné deux refsources, qui, de l'animal le plus exposé à toutes les attaques, en ont fait le plus robufte; la raifon, & la fociété. Ainfi un être qui, pris séparément, eût fuccombé sous tous les adverfaires, eft devenu le fouverain de la terre: la fociété lui a donné l'empire fur tous les animaux. Né pour la terre, la fociété lui a foumis un élément interdit à fa nature, & l'a rendu maître des mers. C'eft la fociété qui repoufse les attaques de la maladie, qui procure des foutiens à la vieillefse, & des confolations contre la douleur : c'eft la fociété qui nous infpire du courage contre les afsauts de la fortune. Détruifez-la, vous rompez l'unité du genre humain, l'unique foutien de la vie.

CLXVIII.

La reconnoiſſance & l'ingratitude ne peuvent être fondées ſur le même principe; leurs intentions doivent différer comme leurs actions. On eſt ingrat contre ſon devoir pour ſon intérêt : on eſt reconnoiſſant contre ſon intérêt pour ſon devoir.

CLXIX.

Il vaut mieux faire du bien aux méchants en faveur des bons, que d'en priver les bons à cauſe des méchants.

CLXX.

Calvisius Sabinus, avec les biens d'un affranchi, en avoit le caractere. Sa mémoire étoit infidele, au point d'oublier les noms d'Ulyſſe, d'Achille, de Priam; & pourtant il avoit la manie d'être ſavant. Voici l'expédient qu'il imagina. Il achete à grands frais des eſclaves, pour retenir l'un Homere, & l'autre Héſiode : les Poètes lyriques étoient autant de départements aſſignés à neuf eſclaves. Avec cette recrue, il ſe met à harceler ſes convives. Vouloit-il citer un vers, il trouvoit à ſes pieds à qui le demander. Mais le malheur, c'eſt qu'au milieu de la citation, ſouvent la mémoire lui manquoit. Satellius Quadratus, un de ces hommes qui vivent aux dépens des riches ſtupides, qui leur ſourient & ſe moquent d'eux, lui conſeilla d'acheter encore des eſclaves pour ramaſser les miettes de ſa mémoire. Néanmoins notre riche croyoit de bonne foi ſavoir tout ce qu'on ſavoit dans ſa maiſon. La ſageſse ne peut s'emprunter ni s'acheter; & ſi elle étoit à vendre, je doute qu'elle trouvât des acheteurs: le débit de la folie eſt bien plus sûr.

CLXXI.

LES loix protegent ceux mêmes qui les ont violées. Il y a des biens que perſonne n'obtiendroit, ſi tout le monde ne les partageoit.

CLXXII.

DANS la carriere des dignités, la nobleſse vaut quelquefois à des gens diffamés la préférence ſur des hommes de mérite, mais nouveaux.

CLXXIII.

CE n'eſt pas ſans raiſon qu'on a conſacré la mémoire des grandes vertus. Il y a plus de plaiſir à être homme de bien, quand le ſouvenir des ſervices ne meurt pas avec celui qui les a rendus.

CLXXIV.

Il n'y a pas de légèreté à revenir d'une erreur qu'on connoît & qu'on déteſte. Il faut avouer ingénument qu'on n'a pas bien vu, qu'on s'eſt trompé. Perſiſter en pareil cas, ne peut être l'effet que d'un ſot orgueil.

CLXXV.

PEU de peres arrivent juſqu'à l'âge où l'on jouit vraiment de ſes enfants ; les autres n'en ſentent que le fardeau.

CLXXVI.

IL me ſemble que le moment du trépas rend plus courageux que ſon approche. La préſence de la mort, l'impoſſibilité de s'y ſouſtraire, sont, pour le vulgaire même, des motifs de résignation : ainsi le gladiateur le plus lâche pendant le combat tend la gorge au vainqueur, & conduit lui-même le fer incertain. Mais l'idée d'un trépas lent & inévitable exige un courage soutenu, bien plus rare, & dont le Sage seul est capable.

CLXXVII.

J'IGNORE lequel est le plus propre à nous encourager, ou l'homme qui vole au-devant du trépas, ou celui qui l'attend paisiblement & sans trouble. L'audace du premier n'est quelquefois qu'un mouvement de frénésie, un coup de désespoir : la tranquillité de l'autre suppose des principes fermes & inébranlables. La colere suffit pour pousser un homme au-devant de la mort : pour l'introduire avec joie quand elle vient, il faut s'être préparé de longue main à la recevoir.

CLXXVIII.

POUR un Roi il n'y a guere de différence entre refuser de lui donner, ou de recevoir de lui : ces deux refus sont égaux à ses yeux.

CLXXIX.

LE penchant de la nature inspire à l'homme l'amour de lui-même, c'est-à-dire le desir d'éviter ce qui est nuisible, de se procurer ce qui est utile. Ce qui seroit générosité, clémence, compassion, si les autres en étoient les objets, n'est plus qu'un sentiment naturel, quand c'est à nous qu'il se rapporte. Un bienfait est un acte volontaire : travailler à sa propre utilité est un mouvement nécesſaire. On ne s'oblige donc pas soi-même : il n'eſt pas plus poſſible de ſe faire un don qu'un prêt. On ne donne qu'à un autre; on ne doit qu'à un autre; on ne rend qu'à un autre.

CLXXX.

L'INGRATITUDE eſt le crime des ſociétés comme des individus.

CLXXXI

LA maniere la plus adroite de nuire eſt de ſe faire remercier même du mal qu'on a fait.

CLXXXII.

IL eſt mille choſes qui, ſans être preſcrites par la loi, ni autoriſées par aucune action, sont pourtant exigibles par l'uſage, plus puiſsant que toutes les loix.

CLXXXIII.

LA perfection de la vertu conſiſte

dans l'uniformité, la tenue, l'harmonie de la conduite.

CLXXXIV.

L'OUVRAGE eſt à moitié fait, quand il eſt commencé : cette maxime eſt vraie, même en morale. Vouloir devenir bon, c'eſt l'être en grande partie.

CLXXXV.

N'ALLEZ pas juger un homme heureux parcequ'il a une cour nombreuſe. On ſe raſſemble autour du riche, comme au bord d'un lac, pour y puiſer & le troubler.

CLXXXVI.

COMBIEN de choſes inutiles à apprendre & pourtant bonnes à connoître !

CLXXXVII.

LE Poète Rabirius fait dire un

mot ſublime à Antoine. Celui-ci voyoit ſa fortune paſsée en d'autres mains; il ne lui reſtoit plus de pouvoir que celui de mourir ; encore falloit-il qu'il ſe hâtât d'en uſer. « Je n'ai donc, s'écria-t-il, que ce « que j'ai donné » ! Qu'il pouvoit être riche, s'il eût voulu ! Tous ces objets que vous admirez, dans leſquels vous faites conſiſter la richeſse & la puiſsance, tant que vous les poſsédez ils ont des noms abjects ; ce ne sont que des maiſons, des eſclaves, des écus : quand vous les avez donnés, ce sont des bienfaits.

CLXXXVIII.

Il n'y a perſonne que la fortune éleve aſsez pour n'avoir pas d'autant plus beſoin d'amis, qu'il a moins beſoin de tout le reſte.

CLXXXIX.

Un bien qui manque même à ceux qui les poſsedent tous, c'eſt un ami qui sache dire la vérité ; qui arrache au concert trop harmonieux de la flatterie un Grand enivré par la foule des impoſteurs, amené juſqu'à l'ignorance du vrai par l'habitude d'entendre des choſes douces au lieu des choſes honnêtes.

CXC.

Les Princes ont toujours ignoré leurs propres forces : ſe croyant auſſi puiſsants qu'on le leur perſuadoit, ils ſe sont attiré des guerres inutiles, capables de ruiner leurs Etats ; ils ont troublé une paix utile & néceſsaire. Emportés par un courroux que perſonne n'arrêtoit, ils ont fait couler des fleuves de ſang, & ont fini par répandre le leur. En voulant ſe venger de quelque inſulte chimérique, en regardant la clémence comme une honte égale à la défaite, en croyant éternelle une puiſsance qui n'eſt jamais plus chancelante que lorſqu'elle eſt à ſon comble, ils ont fait écrouler ſur eux & leur famille les plus vaſtes empires : ils n'ont pas compris que ſur ce théâtre, décorés d'un éclat vain & paſsager, ils devoient s'attendre à toutes les infortunes, du moment où la vérité a ceſsé de pouvoir arriver juſqu'à eux.

CXCI.

De cette foule de ſubſtances qui diſparoiſsent à nos yeux pour rentrer dans le ſein de la Nature d'où elles sont ſorties & ſortiront encore, nulle n'est anéantie. Tout cesse, rien ne périt : & cette mort que nous repoussons avec effroi, n'ôte pas la vie ; elle ne fait que la suspendre. Ces destructions apparentes ne sont que des changements de formes.

CXCII.

Les discours consacrés à la vérité doivent être simples & sans apprêts. Une harangue populaire n'a pas le vrai pour base : elle ne veut qu'émouvoir la multitude, qu'entraîner dans son cours impétueux le suffrage des ignorants. Les discours du Sage doivent être, comme sa démarche, soutenus & retenus.

CXCIII.

Xerxès, arrêté au passage des Thermopyles par trois cents Spartiates, apprit par sa défaite la différence entre une foule & une armée : mais plus confus que touché de sa perte, il remercia le Lacédémonien Démarate, dont la prédiction s'étoit accomplie, d'avoir seul osé lui dire la vérité, & lui permit de demander ce qu'il voudroit. Démarate demanda la permission d'entrer à Sardes monté sur un char, ayant la tiare droite sur la tête : c'étoit la prérogative des Rois. Il méritoit cette récompense, s'il ne l'eût demandée. Que je plains une nation où le seul homme qui dise la vérité aux Rois, ne sait pas se la dire à lui-même !

CXCIV.

C'EST le caractere des Rois de regretter les morts pour outrager les vivants, & de louer la hardiesse à dire la vérité, dans les hommes de qui ils ne craignent plus de l'entendre.

CXCV.

Il y a des crimes dont la honte retombe ſur celui même qui les punit.

CXCVI.

Quand on eſt plus grand que ſes voiſins, on eſt grand où l'on vit. La grandeur n'eſt jamais abſolue; elle ne croît & ne décroît que par comparaiſon : le même bâtiment, ſur un fleuve eſt un vaiſseau; ſur la mer, il n'eſt plus qu'une barque.

CXCVII.

Traitez votre inférieur comme vous voudriez l'être par votre ſupérieur. Ne penſez jamais à vos droits ſur un eſclave, ſans ſonger à ceux qu'un maître auroit ſur vous.

Cet homme que vous appellez votre esclave, oubliez-vous qu'il est formé des mêmes éléments que vous, qu'il jouit du même ciel, qu'il respire le même air, qu'il vit & meurt comme vous? Il peut un jour vous voir esclave, comme vous le voir libre. Pour sauver aux maîtres l'odieux, aux esclaves l'humiliant, de la servitude, nos ancêtres ont donné aux premiers le nom de Peres de famille, aux seconds, celui de Familiers, qu'ils portent encore sur nos théâtres. Une fête même fut instituée, dans laquelle les esclaves avoient droit de manger avec leurs maîtres, d'exercer des charges, de rendre la justice dans l'intérieur de la maison, qui ressembloit pour lors à une petite république. Quoi donc!

recevrai-je tous mes esclaves à ma table ? Pas plus que tous les hommes libres. Mais la bassesse des fonctions ne me rendra pas dédaigneux : je me déciderai sur les mœurs, & non sur les offices. Les mœurs, on se les donne ; des emplois, la fortune en dispose. Faites manger avec vous celui-ci, parcequ'il en est digne ; celui-là, pour qu'il le soit. Les sentiments qu'ils auroient pris dans le commerce des esclaves, une société plus honnête les effacera.

CXCVIII.

NE dites pas aux Princes ce qu'ils veulent entendre, mais ce qu'ils voudront par la suite avoir toujours entendu.

CXCIX.

C'EST une ancienne coutume des

Rois & de ceux qui les imitent, d'enregiſtrer tout un peuple d'amis. Leur fol orgueil attache une idée de faveur au droit d'entrer chez eux, & même de toucher le ſeuil de leur porte. C'eſt un honneur d'être aſſis le plus près de cette porte, de mettre le pied avant les autres dans l'intérieur d'un palais, où d'autres portes sont enſuite fermées pour ceux mêmes à qui les premieres ont été ouvertes.

CC.

QUELQU'UN, pour conſoler Rutilius de ſon exil, lui diſoit que la guerre civile ne tarderoit pas à s'allumer, & que bientôt les exilés auroient la liberté de revenir. Quel mal t'ai-je fait, répondit ce grand homme, pour me ſouhaiter un retour plus affreux que ma fuite? J'aime mieux que ma patrie ſoit honteuſe de mon exil, qu'affligée de mon retour.

CCI.

Il vaut mieux que deux individus ſouffrent une injuſtice, que le corps des citoyens une calamité publique.

CCII.

Quand un guerrier ſouhaite la gloire, c'eſt la guerre qu'il deſire.

CCIII.

Sous un bon gouvernement, le Prince poſsede tout à titre de ſouveraineté, & les citoyens à titre de propriété.

CCIV.

C'est être indifférent & peu ſenſible, que d'avoir beſoin de la vue des lieux pour ſe rappeller un ami abſent : mais il peut ſe faire que les pays où il ſe plaiſoit réveillent en nous le beſoin de ſa préſence, & que, toujours vivante, mais tranquille au fond du cœur, ſa mémoire nous remue plus fortement en ces lieux. Ainſi, après la mort d'un objet chéri, la douleur, quoiqu'adoucie par le temps, ſe renouvelle à la vue de ſon eſclave, de ſa maiſon, d'un habit qu'il portoit.

CCV.

RIEN de plus commun que de franchir les limites des autres ; rien de plus rare que de s'en donner à ſoi-même.

CCVI.

LA communauté entre amis n'eſt pas comme entre des aſſociés, qui ont chacun leur part diſtincte ; mais comme entre un pere & une mere, qui, ayant deux enfants, n'ont pas chacun le leur, mais en ont deux chacun.

CCVII.

Un Pythagoricien avoit acheté d'un cordonnier une chausſure de peu de valeur, ſans avoir d'argent ſur lui. Au bout de quelques jours, il revient à la boutique pour payer : il la trouve fermée ; il frappe à pluſieurs repriſes. Vous perdez votre peine, lui dit un voiſin ; celui que vous cherchez eſt mort & réduit en cendres : il eſt triſte pour nous de perdre pour toujours nos amis ; mais nullement pour vous qui ſavez qu'ils doivent renaître. Ce voiſin ſe moquoit de la métempſycoſe pythagorique. Le Philoſophe remporta de grand cœur ſes trois ou quatre deniers, les faiſant ſonner de temps en temps : mais s'étant apperçu du plaiſir que lui cauſoit ce gain fortuit, il ſe reprocha cette joie ſecrete qu'il éprouvoit en ſe voyant diſpensé de payer : il retourne donc à la même boutique, en diſant : « Il vit pour toi, paie ta « dette ». Alors, à travers la fente de la porte, il fit entrer les quatre deniers dans la boutique pour ſe punir de ſa cupidité, & pour ne pas s'accoutumer au bien d'autrui.

CCVIII.

CICÉRON diſoit que quand on lui donneroit le double du temps, il n'en trouveroit pas pour la lecture des poetes lyriques. J'en dis autant des dialecticiens ; ce ne sont que des fous plus triſtes : du moins les lyriques perdent le temps de bonne foi ; mais ceux-là ont la manie de ſe croire importants.

CCIX.

La peur conſeille toujours très mal.

CCX.

Votre indulgence peut ramener vers vous un ami ingrat ; mais, à coup sûr, vos reproches ne le rendront pas meilleur. N'endurciſsez pas ſon front ; laiſsez-lui le peu de honte qui lui reſte : ſouvent un reproche trop articulé la fait totalement diſparoître. On ne craint point d'être ce qu'on paroît : un homme pris ſur le fait perd toute pudeur.

CCXI.

Le bienfait eſt une eſpece de

consécration ; il peut mal réussir, mais il n'en est pas moins bien placé. Celui que nous avons obligé n'est pas tel que nous croyions ; eh bien ! soyons tels que nous avons été ; ne lui ressemblons pas.

CCXII.

LES informations sont toujours au désavantage du supérieur ; sa réputation en souffre toujours.

CCXIII.

LE regret de la perte de ses proches est un sentiment naturel lorsqu'il est modéré : mais l'opinion va bien plus loin que les ordres de la nature. Il n'est pas d'animal qui conserve plus long-temps le regret de ses petits, que l'homme : c'est qu'il nourrit lui-même sa douleur, & s'afflige, non pas à proportion de ce qu'il ſent, mais de ce qu'il veut ſentir.

CCXIV.

NOUS nous regardons comme des êtres privilégiés, nous croyons avoir pris une route plus sûre que les autres, & les malheurs d'autrui ne sont jamais des avertiſsements pour nous.

CCXV.

LE regret de ce qu'on n'a plus rend injuſte pour ce qui reſte.

CCXVI.

LES funérailles des enfants sont toujours prématurées quand la mere y aſſiſte.

CCXVII.

LE terme de la vieilleſse n'eſt pas plus le même pour tous les hommes, qu'il n'eſt le même pour tous les animaux. On ne meurt jamais trop tôt, quand on ne pouvoit pas vivre plus long-temps qu'on n'a vécu.

CCXVIII.

NOTRE erreur générale est de ne croire approcher de la mort que dans la vieillesse & le déclin de l'âge, tandis que l'enfance, la jeunesse & les autres périodes de la vie conduisent au même but. L'enfance est engloutie par l'âge puérile, celui-ci par la puberté, la puberté par la jeunesse, la jeunesse par la vieillesse. Calculez bien, & vous verrez que nos accroissements ne sont que des pertes.

CCXIX.

PERSONNE ne voudroit de la vie, s'il ne la recevoit à son insu.

CCXX.

LE faîte des grandeurs en eſt auſſi le terme. La chûte eſt proche quand il ne reſte plus de progrès à faire.

CCXXI.

IL n'y a point de condition ſi abjecte, qui ne laiſſe l'eſpérance de ſe venger de l'homme même le plus élevé en dignité : on eſt toujours aſſez puiſſant pour nuire.

CCXXII.

ON regarde ordinairement comme juſtes, les paſſions qu'on reconnoît en ſoi.

CCXXIII.

IL n'y a perſonne qui puiſſe totalement s'abſoudre : ſi l'on ſe dit irréprochable, c'eſt relativement aux témoins, & non à ſa propre conſcience.

CCXXIV.

CELUI que la colere rend plus courageux, ne le seroit plus sans elle. Ainsi elle n'aide pas le courage, mais elle en tient lieu.

CCXXV.

POUR punir les délits & les crimes, il ne faut pas un juge irrité. L'homme qui punit doit être tranquille comme la loi, puisque la punition n'est utile qu'autant qu'elle est décernée avec jugement : de là ce mot de Socrate à son esclave : « Je te battrois, si je n'étois en « colere. »

CCXXVI.

NE croyez pas ce que dit l'éloquent Tite Live : « c'étoit une ame « plutôt grande que vertueuse ». Ces deux qualités sont inséparables :

il faut ou être vertueux, ou renoncer à être grand.

CCXXVII.

L'HOMME de bien voit la prospérité des méchants ſans envie, comme il voit leurs crimes ſans colere. Un bon juge condamne, & ne hait pas.

CCXXVIII.

LA honte du crime diminue dans la même proportion que l'audace de le commettre s'accroît.

CCXXIX.

ON prodigue tous les jours des éloges à des actions qui sont des crimes lorſqu'on peut les punir.

CCXXX.

Si vous vous emportez contre les jeunes gens & les vieillards parcequ'ils pechent, emportez-vous donc aussi contre les enfants parcequ'ils pécheront un jour.

CCXXXI.

Les habitants des zônes tempérées ont presque toujours été les maîtres des autres peuples : au nord, & dans les pays froids, les âmes sont farouches, &, comme dit un poëte, semblables à leur ciel.

CCXXXII.

Que la vie des enfants soit frugale, leurs vêtements simples, & en tout semblables à ceux de leurs camarades. On ne s'offense point des comparaisons, quand on n'a jamais été accoutumé aux distinctions.

CCXXXIII.

Il faut se garder à la fois de nourrir dans les enfants la colere, & d'émousser la pointe d'un heureux naturel : cette double attention demande le diſcernement le plus fin. En effet les vertus qu'il faut cultiver, & les vices qu'il faut étouffer, ſe nourriſsent ſouvent des mêmes aliments.

CCXXXIV.

QUAND votre éleve aura mérité vos éloges par ſes actions, qu'il s'en eſtime davantage, mais qu'il ne s'enorgueilliſse pas : l'orgueil eſt bientôt ſuivi de la vanité; & celle-ci, de la préſomption.

CCXXXV.

L'INDULGENCE qu'on a pour les fils uniques, & la liberté dont jouiſsent les pupilles, sont des ſources inévitables de corruption. Comment un enfant à qui l'on n'a jamais rien refusé, dont la mere inquiete a ſans ceſse eſsuyé les larmes, & qui a toujours eu raiſon vis-à-vis de ſon maître, pourra-t-il réſiſter aux offenſes ? La colere eſt toujours proportionnée à la fortune : elle ſe montre ſur-tout dans les riches, les nobles & les magiſtrats, lorſque la proſpérité a encore accru leur vanité naturelle. Le bien-être eſt l'aliment de la colere, ſur-tout lorſqu'une foule d'adulateurs ne ceſse de careſser vos oreilles ſuperbes, de vous répéter que vous ne gardez pas votre rang, que vous vous compromettez, & d'autres propos de cette nature auxquels un eſprit ſage & pourvu de principes auroit peine à réſiſter.

CCXXXVI.

L'ÉDUCATION demande le plus

grand soin, parcequ'elle influe ſur toute la vie : rien de plus facile que de façonner une ame encore tendre; rien de plus difficile que de déraciner des vices qui ſe sont accrus avec nous.

CCXXXVII.

Un vice trop ordinaire à la nature humaine, c'eſt de croire aisément ce qu'on entend à regret.

CCXXXVIII.

On connoît l'hiſtoire de ce tyrannicide qui, ayant été arrêté avant d'avoir conſommé ſon entrepriſe, dans la torture que lui fit ſouffrir Hippias pour ſavoir le nom de ſes complices, dénonça tous les amis du tyran qui l'environnoient, & qu'il ſavoit s'intéreſser le plus à ſa conſervation. Hippias, après les avoir fait tous tuer, à meſure qu'il les nommoit, lui demanda s'il reſtoit encore quelqu'un : « Toi ſeul, ré-« pondit-il : je ne t'ai laiſsé que toi « à qui tu fuſses cher. »

CCXXXIX.

Un Sybarite voyant un ouvrier creuſer la terre, & ſoulever ſa bêche avec effort, ſe plaignit que ce travail le fatiguoit, & défendit qu'on le fît à l'avenir en ſa préſence. Il faut être perdu de molleſse pour ſouffrir de la fatigue d'autrui. Le même homme ſe plaignoit d'avoir été incommodé par les plis des feuilles de roſes ſur leſquelles il s'étoit couché.

CCXL.

Il en coûte beaucoup de temps & d'ennui aux autres, pour mériter qu'on diſe : Voilà un homme bien ſavant. Contentons-nous d'un titre moins relevé, & qu'on diſe de nous : Voilà un homme de bien. Quoi ! je paſſerois mon temps à parcourir les annales de toutes les nations, pour chercher qui le premier a composé des vers ! je calculerois combien de temps s'eſt écoulé entre Orphée & Homere ! j'examinerois toutes les notes d'Ariſtarque ſur les poéſies des autres, & toute ma vie ſe conſumeroit ſur des ſyllabes ! Ai-je donc oublié ce précepte ſi ſalutaire : Ménagez bien le temps. N'apprendrai-je jamais à ignorer quelque choſe ? Il vaut mieux ne rien ſavoir que de ſavoir des riens.

CCXLI.

IL n'eſt point de philoſophie ſans vertu, ni de vertu ſans philoſophie.

La philoſophie eſt la recherche de la vertu, mais par le moyen de la vertu même : or, on ne peut ni avoir la vertu ſans l'aimer, ni l'aimer ſans l'avoir. Quand on veut frapper un objet éloigné, le tireur & le but peuvent être dans des lieux différents; le chemin qui conduit à une ville eſt hors de la ville : il n'en eſt pas de même de la vertu; c'eſt par elle-même qu'on y tend : la philoſophie & la vertu ſont donc intimement unies.

CCXLII.

POUR s'occuper ſérieuſement à peſer en quoi conſiſte l'eſsence des richeſses & de la pauvreté, ce que c'eſt qu'être pauvre ou riche, il faut avoir bien du loiſir. Ne vaudroit-il pas mieux ôter à la pauvreté ſes pointes, & aux richeſses leur orgueil, que de diſputer ſur les mots, comme ſi l'on avoit tout fait pour les choſes. Suppoſons-nous mandés à une aſsemblée où l'on porte une loi pour l'aboliſsement des richeſses : sera-ce avec de vains arguments empruntés des Stoïciens ou des Péripatéticiens, que nous pourrons convaincre ou diſsuader ?

CCXLIII.

POURQUOI rechercher ſi Pénélope étoit peu chaſte, ou ſi elle en a imposé à ſon ſiecle ? ſi elle ſoupçonnoit, avant d'en être sûre, que celui qu'elle voyoit étoit Ulyſse ? Apprenez-moi ce que c'eſt que la pudeur, & quels biens elle procure ; ſi c'eſt dans l'ame ou dans le corps qu'elle conſiſte. Vous m'enſeignez comment des voix graves & aiguës peuvent s'accorder ; comment des cordes dont les résonnances sont différentes peuvent produire une harmonie. Eh ! c'est dans les diverses facultés de mon ame qu'il faut établir l'harmonie ; ce sont mes projets dont il faut empêcher la discordance. Vous me montrez quels sont les tons plaintifs ; montrez-moi plutôt comment on étouffe dans l'adversité les accents de la plainte.

CCXLIV.

CELUI qui a besoin des richesses craint pour elles ; & la crainte est le poison de la jouissance. Occupé d'accroître ses biens, on oublie d'en faire usage : à force de recevoir des comptes, de fréquenter la place, de feuilleter des registres, de maître on devient homme d'affaires.

CCXLV.

TOUS les crimes sont complets, quant au délit, même avant de produire leur effet.

CCXLVI.

SUR le point de recevoir des nouvelles de mes affaires de Rome, je ne me suis point preſsé de ſavoir en quel état elles étoient : depuis long-temps il n'y a plus pour moi ni pertes ni profits. Je devrois avoir cette façon de penſer, quand même je ne ſerois pas vieux, mais à bien plus forte raiſon dans un âge où, quelque peu que je poſsede, il me reſtera plus de proviſions que de chemin à faire ; ſur-tout étant dans une carriere qu'il n'eſt pas néceſsaire de fournir toute entiere.

Un voyage eſt imparfait quand on s'arrête à moitié chemin, ou en-deçà du terme qu'on s'étoit proposé : mais la vie n'eſt jamais imparfaite, quand elle eſt honnête : quelque part que vous la terminiez, ſi vous la finiſsez bien, elle eſt complete.

CCXLVII.

L'ORATEUR Cœlius étoit très colere. Il ſoupoit un jour avec un de ſes clients, homme d'une patience ſans bornes, mais qui ſentoit combien il lui seroit difficile de prévenir toute altercation dans un pareil tête-à-tête ; il prit le parti d'être toujours de ſon avis, & de s'en tenir à un rôle ſubalterne. Cœlius ne put ſouffrir cette humeur accommodante, & lui cria : « Sachez donc

« me contredire, afin que nous « ſoyons deux. »

CCXLVIII.

On n'aime point ſa patrie comme grande, mais comme patrie.

CCXLIX.

Le ſuccès n'eſt pas de la juriſdiction du Sage : nous commençons les choſes, & la fortune les acheve.

CCL.

Les prieres & les vœux ſont partie du deſtin.

CCLI.

Invoquer la mort, c'eſt mentir.

CCLII.

La ſervitude la plus gênante de la grandeur eſt de ne pouvoir en deſcendre.

CCLIII.

Est-il rien de plus malheureux qu'un homme qui laiſse échapper tous les bienfaits, & qui ne met que les torts en réſerve ? La ſageſse, au contraire, embellit tous les ſervices qu'elle a reçus ; elle les releve à ſes propres yeux ; leur ſouvenir eſt pour elle une volupté continue. Les méchants n'ont jamais qu'un moment de plaiſir, c'eſt celui où ils reçoivent un bienfait : mais ce même bienfait procure au sage une joie durable & ſans fin. Il ne fait pas attention aux injures qu'on lui a faites ; il les oublie, moins par inadvertence que par ſageſse : loin d'interpréter tout en mal, il ne cherche pas même à qui s'en prendre des maux qu'il éprouve ; il aime mieux attribuer à la fortune les torts que les hommes ont avec lui. Il ne calomnie pas les discours ni les visages ; il soulage son infortune par des explications favorables, & se souvient moins de l'offense que du bienfait ; il se maintient le plus qu'il peut dans le souvenir le plus agréable ; il ne change de sentiments pour ses bienfaiteurs qu'après des outrages réitérés, & visibles même pour les yeux les plus foibles ; encore son changement se réduit-il à être, après l'injure, ce qu'il étoit avant le bienfait. En effet, quand l'injure est égale au bienfait, il reste encore quelque bienveillance dans l'ame. Un accusé est absous quand il y a égalité de voix parmi ses juges ; &, dans les cas douteux, l'humanité penche toujours vers le parti de la douceur : de même le sage, ſi les ſervices & les torts sont égaux, ceſsera bien de devoir, mais il ne ceſsera pas de vouloir être endetté ; il fera comme ceux qui paient, nonobſtant l'abolition des dettes.

CCLIV.

JE fais un cours de philoſophie. C'eſt s'y prendre de bonne heure ! direz-vous. Eh ! pourquoi non ? N'eſt-ce pas le comble de la folie que de ne pas apprendre parcequ'on n'a point appris ? Mais quoi ! je vais donc faire le rôle d'étudiant, de jeune homme ? Plût à Dieu que ce travers, ſi c'en eſt un, fût le ſeul de ma vieilleſse ! Il faut apprendre tant qu'on ignore, & même tant que l'on vit. Sachez pourtant que dans l'école où je vais m'inſtruire j'enſeigne auſſi quelque choſe. Vous êtes curieux de ſavoir ce que j'enſeigne ? c'eſt qu'il faut apprendre juſque dans la vieilleſſe.

CCLV.

DANS le cas où l'injure a ſurpaſſé le bienfait, l'homme vertueux cherche à ſe faire illuſion à lui-même ; il ajoute au bienfait, & retranche à l'offenſe. Mais un juge moins rigoureux, comme je préférerois de l'être, oubliera l'injure pour ne ſe ſouvenir que du ſervice. Sans doute il eſt conforme à la juſtice de rendre à chacun ce qui lui eſt dû, à un bienfait la reconnoiſſance, à une offenſe le talion, ou au moins le reſſentiment ; mais ce ne ſera que dans le cas où l'offenſe & le bienfait ne viendront pas de la même personne. Si c'est le même homme qui nous a obligés & outragés, le bienfait doit anéantir l'offense. Quand même il n'y auroit pas eu de service antérieur, il eût fallu lui pardonner; mais si l'offense vient après les bienfaits, on lui doit plus qu'un pardon.

CCLVI.

VOUS me demandez pourquoi cette affectation de préférer les maximes d'Epicure à celles de nos Philosophes : mais pourquoi dites-vous qu'elles sont à Epicure, & non pas au public ? Combien de mots dans les Poètes, que les Philosophes ont dits ou ont dû dire ! Sans parler de nos tragédies, ni de nos drames mixtes, dont le ton est grave & le genre moyen entre le comique &

le tragique, combien de vers ſublimes proſtitués à des farceurs ! combien, dans Publius, de ſentences plus dignes du cothurne que du brodequin ! Mais un autre motif me porte encore à citer les adages d'Epicure. Ces hommes qui n'adoptent ſa philoſophie que par des vues criminelles, qui la regardent comme un manteau propre à couvrir leurs vices, apprendront par là que dans toutes les ſectes ils seront réduits à vivre honnêtement. Arrivés à la porte des jardins, ils liront avec tranſport cette inſcription : « Paſsant, tu peux reſter ici, la « Volupté ſeule y donne des loix. » Bientôt le gardien de ces lieux les aborde avec l'air affable de l'hoſpitalité ; il leur ſert de la farine détrempée, il leur verſe l'eau en abondance. N'êtes-vous pas bien traités? leur dit-il : vous le voyez ; ici les mets n'irritent pas la faim, mais ils l'appaiſent ; les boiſsons n'augmentent pas la ſoif, mais elles l'éteignent de la maniere la plus naturelle & la moins coûteuſe. Voilà les voluptés où j'ai vieilli. Voilà nos remedes contre les beſoins qui ne donnent pas de priſe à la raiſon, & qu'on ne fait taire qu'en leur accordant quelque choſe. Quant aux beſoins qui ne sont pas dans l'ordre, qu'on peut ou différer à ſatisfaire, ou réprimer, ou étouffer, ne les regardez pas comme naturels & indiſpenſables : vous ne leur devez rien ; vos dépenſes, ſi vous en faites, sont volontaires. Au lieu que l'eſtomac n'entend pas la morale, il demande, il crie : & cependant c'est un créancier peu exigeant ; on s'en débarrasse à peu de frais, pourvu qu'on lui paie ce qu'on lui doit, & non pas tout ce qu'on peut.

CCLVII.

DÉMOCRITE dit : « Un seul « homme est pour moi le peuple, « & le peuple un seul homme ». J'admire encore cette réponse ; l'auteur est inconnu : on lui demandoit pourquoi tant soigner un ouvrage fait pour très peu de personnes : « Je veux, dit-il, peu de lecteurs, « un seul, point du tout ». Le mot d'Epicure n'est pas moins remarquable : il écrivoit à un de ses compagnons d'étude : « Ceci est pour « nous, & non pour la multitude ;

« nous ſommes un aſsez grand « théâtre l'un pour l'autre ». Voilà les maximes dont il faut vous pénétrer pour vous mettre au-deſsus du plaiſir qu'inſpire l'approbation générale. Le peuple vous loue ? beau ſujet de vanité, qu'un mérite ſenti par le peuple ! Votre mérite, c'eſt en vous-même qu'on doit le trouver.

CCLVIII.

Les bienfaits & la concorde sont la baſe de la vie humaine : ce n'eſt pas la terreur, mais l'affection & les ſecours mutuels qui forment l'aſsociation générale.

CCLIX.

Il eſt impoſſible de plaire à la multitude quand on aime la vertu. C'eſt par de mauvaiſes voies qu'on obtient la faveur du peuple : il ne peut vous l'accorder, ſi vous n'êtes comme lui ; ni vous approuver, s'il ne ſe reconnoît en vous. Le vrai juge de vos actions, ce n'eſt pas le peuple, c'eſt vous-même. On n'acquiert l'amitié des hommes corrompus qu'à force de corruption. Quel avantage procure donc cette philoſophie ſi vantée, & cet art ſupérieur à tous les arts ? l'avantage de préférer ſon jugement à celui du peuple, de peſer les ſuffrages au lieu de les compter, de fouler aux pieds la crainte & des hommes & des Dieux, en un mot, de vaincre la douleur ou de la terminer. Si j'entendois frémir autour de vous les acclamations de la populace ; ſi votre vue excitoit le même tumulte, les mêmes applaudiſsements que l'entrée d'un bateleur; ſi, dans la ville entiere, les femmes & les enfants s'empreſsoient à chanter vos louanges, j'aurois pitié de vous. Et pourquoi ? c'eſt que je connois la route qui mene à cette faveur.

CCLX.

Il y a des lieux mal ſains pour les corps même les plus robuſtes, & des profeſſions nuiſibles aux ames honnêtes mais encore chancelantes. Auſſi n'approuvé-je pas ces Philoſophes qui, paſſionnés pour une vie tumultueuſe, paſsent leurs jours à lutter contre les obſtacles. Le Sage endure les traverſes, mais ne va pas les chercher ; il aime mieux vivre dans un état de paix que de guerre : & que lui ſerviroit d'être débarraſsé de ſes vices, s'il a ceux des autres à combattre ?

CCLXI.

La ſageſse veut qu'on apprenne à mourir. Peut-être trouverez-vous inutile d'étudier ſi long-temps ce qu'on ne pratique qu'une ſeule fois ; & voilà précisément pourquoi nous devons nous exercer à la mort. Il faut toujours apprendre, quand on n'eſt jamais sûr de ſavoir. Vous dire, Penſez à la mort ; c'eſt vous dire, Penſez à la liberté. En apprenant à mourir on déſapprend à ſervir : on ſe met au-deſsus ou du moins à l'abri du pouvoir des tyrans.

CCLXII.

Que les Écrivains les plus eſtimés ſoient la baſe de vos lectures :

revenez-y toujours après le diverſions que vous vous serez permiſes : acquérez chaque jour quelque reſſource nouvelle contre la pauvreté, contre la mort, contre les autres fléaux : de la foule d'objets que vous aurez parcourus, recueillez une maxime pour en faire la nourriture de votre journée. Cette méthode eſt la mienne : je lis beaucoup, & je mets quelque choſe en réſerve. Voici ma récolte d'aujourd'hui : elle eſt due à Epicure ; car j'ai l'habitude de paſser dans le camp de l'ennemi, mais en eſpion plutôt qu'en déſerteur. « Souvent l'acqui-« ſition des richeſses eſt le change-« ment & non le terme de la mi-« ſere ». Je n'en suis pas ſurpris. Le vice n'eſt pas dans la choſe, mais dans la perſonne : il rendoit la pauvreté à charge ; il rend la richeſse onéreuſe. Il n'importe guere qu'un malade ſoit couché dans un lit d'or ou de bois : par-tout où on le tranſporte, il emmene ſon mal avec lui. Ainſi une ame corrompue ne ſe trouve pas mieux de la richeſse que de l'indigence : ſon mal la ſuit partout.

CCLXIII.

COMBIEN d'hommes ne sont retenus que par l'impuiſsance de mal faire ! Donnez-leur des forces, le vice ne tardera pas à ſe produire, la proſpérité lui ouvre la porte ; &, pour développer leur méchanceté, il ne faut qu'une occaſion. La cruauté, l'ambition, la débauche, pour égaler certains hommes aux plus grands ſcélérats, n'attendent ſouvent que les faveurs de la fortune. Voulez-vous connoître leurs diſpoſitions ? proportionnez-y leur puiſſance.

CCLXIV.

Il y a des vœux clairs, prononcés, ſpécifiés ; il y en a d'autres qui ne sont qu'implicites & généraux. Par exemple, je ſouhaite une vie honnête : mais une vie honnête eſt le réſultat de mille éléments divers ; elle renferme & le tonneau de Regulus, & la bleſſure où Caton plongea ſa main, & l'exil de Rutilius, & la coupe empoiſonnée qui fit paſſer Socrate du cachot dans les cieux. Ainſi, deſirer une vie honnête, c'eſt deſirer implicitement toutes ces conditions, ſouvent indiſpenſables pour vivre honnêtement.

CCLXV.

C'EST un grand bien, c'eſt un avantage aſsuré, c'eſt être indépendant, que de n'avoir rien à demander, & de laiſser paſser les aſsemblées auxquelles la Fortune préſide. Lorſque les tribus du peuple sont convoquées, lorſque les candidats attendent avec inquiétude leur sort dans les temples voiſins; tandis que l'un promet de l'argent, qu'un autre le dépoſe, & qu'un troiſieme uſe, à force de baiſers, les mains de ceux à qui il ne voudroit pas laiſser toucher les ſiennes s'il avoit obtenu la place qu'il ſollicite; enfin tandis que tous attendent en ſuſpens la voix du crieur, n'eſt-il pas bien agréable de demeurer ſpectateur oiſif au milieu de cette eſpece de foire, ſans y prendre aucune part, ni par des achats, ni par des ventes ?

CCLXVI.

RIEN de plus honteux que le vœu de Mécene, qui ne refuſe, ni les infirmités, ni la difformité, ni même les ſupplices les plus aigus, pourvu qu'au milieu de ces ſouffrances il conſerve la vie. « Rendez, dit-il, mes mains débiles, « rendez mes pieds foibles & boiteux, élevez une boſſe ſur mon « dos, ébranlez toutes mes dents, « tout ira bien ſi vous me laiſſez « la vie : conſervez-la moi, même « en me mettant en croix ». Que ſouhaiter à un pareil homme, ſinon que les Dieux l'exaucent ? O honte ineffaçable de ces vers efféminés ! monument odieux de la crainte la plus folle ! Il souhaite les plus grands maux, &, ce qu'il y a de plus terrible encore, leur prolongation ; & pourquoi ? pour vivre plus long-temps ! Mais qu'est-ce que vivre de cette maniere ? c'est perdre la vie en détail ; c'est mourir long-temps.

CCLXVII.

VOUS verrez un grand nombre d'auditeurs pour qui l'école d'un Philosophe n'est qu'un lieu de diversion & de repos : leur but n'est pas d'y déposer quelques vices, d'y puiser quelques regles de conduite sur lesquelles ils rectifient leurs mœurs, mais de procurer quelque plaisir à leurs oreilles. Il y en a pourtant quelques uns qui viennent avec des tablettes; mais c'eſt pour recueillir, non des choſes, mais des mots, qu'ils répetent ſans fruit pour les autres, comme ils les ont entendus ſans utilité pour eux-mêmes.

Pour moi, quand j'entendois Attalus déclamer contre les vices & les erreurs du genre humain, j'avois pitié des hommes, & je le regardois comme un être d'un ordre ſupérieur. Il ſe diſoit Roi; mais je trouvois qu'il étoit plus qu'un Roi, puiſqu'il citoit les Rois eux-mêmes au tribunal de ſa cenſure. Mais lorſqu'il ſe mettoit à faire l'éloge de la pauvreté, à prouver que tout ce qui sort des bornes du beſoin n'eſt qu'un poids ſuperflu, onéreux pour celui qui le porte, j'étois ſouvent tenté de ſortir pauvre de ſon école. Quand il déclamoit contre les voluptés, quand il louoit la continence, la ſobriété, le détachement des plaiſirs, non ſeulement illicites, mais même ſuperflus, je brûlois de mettre des bornes à ma gourmandiſe & à ma délicateſse. C'eſt de là qu'il m'eſt reſté quelques principes de morale. Je m'étois jetté avec ardeur ſur tout; mais enſuite, égaré dans le tourbillon de la ville, je n'ai conſervé que fort peu de ces maximes. C'eſt à lui que je dois le vœu que j'ai fait de renoncer pour ma vie aux huîtres & aux champignons : ce ne sont pas des aliments, mais des objets de volupté, des ſtimulants qui excitent l'appétit de ceux qui déjà sont raſsaſiés ; ils paſsent facilement, & font place à de nouveaux morceaux, avantage ineſtimable pour des gloutons qui entaſsent dans leur eſtomac plus qu'il ne peut contenir. C'eſt de lui que j'ai appris à m'abſtenir d'odeur, perſuadé que la meilleure odeur pour le corps eſt de n'en point avoir. C'eſt à lui que je dois le renoncement total au vin & au bain. Je regarde comme une volupté inutile de cuire mon corps & de l'épuiſer à force de tranſpiration. Attalus faiſoit l'éloge d'un lit dur : celui dans lequel je couche, à mon âge, l'eſt aſsez pour qu'on n'y remarque pas l'empreinte de mon corps.

Je vous ai rapporté ces détails perſonnels, pour vous montrer combien seroit ardent le premier feu des jeunes gens pour la vertu, s'ils trouvoient quelqu'un qui les exhortât & leur donnât l'impulſion. Mais il y a de la faute, & de la part des maîtres, qui nous enſeignent à diſputer plutôt qu'à nous conduire, & de la part des diſciples, qui préferent la culture de leur eſprit à celle de leur ame. Ainſi la philoſophie eſt devenue une philologie. Apprenons à changer en actions ce qui n'étoit que des mots. Il ne s'agit pas de m'entretenir, mais de me gouverner. Tout ce que diſent ceux qui ont appris la philoſophie comme un métier lucratif, tout ce qu'ils débitent à la multitude qui les applaudit, ne leur appartient pas ; c'eſt ce qu'ont dit

Platon, Zénon, Chryſippe, Poſſidonius, & la foule innombrable des Philoſophes. Comment prouveront-ils que leurs dogmes leur appartiennent ? Je vais le leur apprendre : qu'ils faſsent ce qu'ils diſent.

CCLXVIII.

CEUX qui ſe plongent dans le luxe veulent que l'on parle d'eux pendant qu'ils vivent; ils croiroient avoir perdu leur temps, ſi l'on n'en diſoit rien : ils sont donc mécontents lorſqu'ils ne font point des choſes propres à faire du bruit. Beaucoup de gens mangent leur bien ; beaucoup de gens ont des maîtreſſes : ſi l'on veut ſe diſtinguer parmi eux, il faut non ſeulement donner dans le luxe, mais encore ſe faire remarquer par quelque extravagance notable. Dans une ville si affairée on ne parle pas des sottises ordinaires.

CCLXIX.

Il y a des gens qui ont fait du mépris leur sauve-garde. On foule aux pieds celui qu'on méprise : mais on passe outre ; on ne s'acharne pas contre lui ; on ne se donne pas la peine de méditer sa ruine. Sur le champ de bataille même on passe à côté de l'ennemi couché par terre, pour attaquer celui qui est debout.

CCLXX.

Ariston de Chio exclut de la morale toute la partie des préceptes, qu'il croit ne convenir qu'à un pédagogue, & non à un Philosophe, comme si le Sage étoit autre chose que le pédagogue du genre humain!

CCLXXI.

Il n'y a plus de paix pour l'homme qui s'inquiete de l'avenir, qui ſe rend malheureux même avant le malheur, qui prétend s'aſsurer juſqu'à la fin de ſa vie la poſseſſion des objets auxquels il attache ſon bonheur. Le repos eſt perdu pour un tel homme; l'attente de l'avenir lui enlevera même le préſent dont il pouvoit jouir. Le regret & la crainte des pertes sont deux états également douloureux pour l'ame.

CCLXXII.

Il y a quantité de choſes que nous voulons nous donner l'air de ſouhaiter, quoique nous ne nous en ſouciions aucunement. L'auteur d'une longue histoire écrite en caracteres très menus avec des marges très étroites, après en avoir lu une grande partie, dit : « Messieurs, je « cesserai si vous me l'ordonnez ». Continuez, continuez, s'écrient aussi-tôt des gens qui voudroient qu'un accident soudain le rendît muet.

CCLXXIII.

Il y a des animaux, dit Platon, dont la morsure est insensible, tant la finesse de leur dard nous déguise le danger ; l'enflure cependant ne nous permet pas de douter de la piquure, quoique dans cette enflure même on n'apperçoive aucune trace de blessure. La même chose vous arrivera dans le commerce des Sages ; vous ne distinguerez pas comment ni quand il vous eſt utile ; mais vous vous appercevrez qu'il vous l'a été.

CCLXXIV.

DANS quelle erreur sont les hommes qui deſirent d'étendre leur domination au-delà des mers ; qui ſe regardent comme ſouverainement heureux quand ils ont conquis, à l'aide de leurs ſoldats, pluſieurs provinces ; quand ils en ont ajouté de nouvelles aux anciennes ! ils ne connoiſsent pas d'autre moyen d'égaler leur empire à celui des Dieux. Le plus grand des empires eſt celui qu'on exerce ſur ſoi-même. Qu'on m'apprenne combien eſt ſacrée la juſtice, vertu qui ſe dévoue au bien d'autrui ſans deſirer autre choſe que d'être utile à tout le monde. Qu'on m'apprenne à n'avoir plus rien à démêler avec l'ambition & la renommée, à ne rechercher d'applaudiſsements que les miens. Qu'on me perſuade que je dois être juſte gratuitement, c'eſt trop peu; que je dois ſacrifier ma propre perſonne à l'exercice de cette vertu, la plus belle de toutes, afin que mes idées s'éloignent le plus qu'il eſt poſſible de l'intérêt perſonnel.

CCLXXV.

COMBIEN de fauſsetés ont l'apparence du vrai! Prenons toujours du temps; il découvre la vérité.

CCLXXVI.

LES paſſions sont auſſi peu propres à l'exécution qu'au commandement.

CCLXXVII.

TACHONS de rendre notre vie ſemblable aux métaux précieux, qui ont beaucoup de peſanteur sous un petit volume : c'eſt par les actions, & non par la durée, qu'il faut la meſurer. Il eſt poſſible & même ordinaire d'avoir vécu peu quoique long-temps.

CCLXXVIII.

JE suis un malade qui n'ai pas la folle prétention de guérir perſonne. Couché dans la même infirmerie, je m'entretiens avec vous, Lucilius, de nos ſouffrances communes : je vous fais part des remedes que je sais ; & les diſcours que vous entendez, c'eſt à moi-même qu'ils s'adreſsent. Je vous introduis au fond de ma conſcience ; & là, de-

vant vous, je fais la guerre à mes vices; je m'écrie: « Calcule tes an-
« nées, & tu rougiras d'avoir en-
« core les goûts & les projets de ton
« enfance. Avant de mourir, fais
« mourir tes vices. Laiſſe là ces
« plaiſirs tumultueux qui coûtent
« ſi cher, qui font autant de mal
« après qu'avant la jouiſſance. De
« même que l'inquiétude ne finit
« pas avec le crime, eût-il été com-
« mis en ſecret: ainſi les voluptés
« paſſent, & le repentir nous reſte;
« elles n'ont pas de ſolidité, de con-
« ſiſtance, & quand elles ne nuiſent
« pas, elles s'évanouiſſent. Aſpire
« plutôt à un bonheur durable: or
« il n'en eſt pas ſi l'ame ne le tire
« d'elle-même. La vertu ſeule pro-
« duit une joie pure & conſtante:

« les obstacles, s'il en survient,
« sont des nuages formés au-dessous d'elle, qui n'éclipsent pas sa lumiere. Quand parviendras-tu donc à cette joie ? tu marches, mais tu ne cours pas ; il reste encore bien de l'ouvrage, & tu ne l'acheveras qu'en payant ta part de veilles & de sueurs. En vain chargerois-tu quelque autre de ta procuration : les substituts n'ont pas lieu dans la sagesse comme dans certains genres de littérature. »

CCLXXIX.

Nous sommes de grands enfants, presque en tout semblables aux petits ; ils ont peur de leurs parents, de leurs connoissances, de leurs camarades lorsqu'ils les voient masqués. Sachons ôter le masque aux choses comme aux personnes, contemplons-les sous leurs traits naturels, & nous trouverons qu'elles n'ont de terrible que la crainte qui les précede.

CCLXXX.

TOUTES les conditions sont sujettes au changement : où est le trône qui ne soit près de sa chûte, & qui ne laisse craindre un usurpateur & un bourreau ? Ne regardez pas ces révolutions comme éloignées ; une heure est quelquefois le seul intervalle entre le trône & la fange.

CCLXXXI.

UN Tyran menaçoit Théodore de le faire mourir & de le priver de la sépulture : « Tu peux te satisfaire, lui répondit le Philoſophe, « j'ai « quelques verres de ſang à ta diſ-« poſition ; quant à la ſépulture, « tu es bien fou de croire qu'il m'im-« porte de pourrir ſur la terre ou « dans la terre. »

CCLXXXII.

Il faut moins de courage pour aller* à la mort que pour y retourner.

CCLXXXIII.

Le monde & la retraite ſont deux choſes qu'il faut entremêler & faire ſuccéder l'une à l'autre : l'une nous inſpire le deſir des hommes, l'autre celui de nous-mêmes. Elles ſont le remede l'une de l'autre : la ſolitude guérit de la miſanthropie ; le monde guérit des ennuis de la ſolitude.

CCLXXXIV.

Les adverſités ſont une ſuite nécessaire de la fatalité : elles arrivent aux gens de bien, par la même loi qui les rend gens de bien.

CCLXXXV.

On se trompe, si l'on croit que donner soit une chose facile : on y trouve plus de difficulté qu'on ne pense, lorsqu'on veut consulter la raison, & non pas répandre son bien au hasard & en aveugle. Je préviens l'un, je m'acquitte avec l'autre ; je secours celui-ci, j'ai pitié de celui-là : je pourvois aux besoins de cet autre; il ne faut pas que sa pauvreté le détourne & l'absorbe. Il est des gens à qui je ne donnerai point, quoiqu'ils soient dans le besoin, parcequ'ils y seront toujours, quelque chose que je leur donne. Il y en a à qui j'offrirai ; d'autres que je forcerai de recevoir. Je ne puis être inattentif dans une affaire de cette importance : je ne place jamais mieux mon argent que quand je le donne.

Quoi ! me dira-t-on, vous donnez donc pour recevoir ? Non ; c'eſt pour ne pas perdre : il faut placer les bienfaits de maniere à ne pouvoir jamais être redemandés, mais à pouvoir être reſtitués ; c'eſt un tréſor enfoui dans la terre, qu'on n'en retire que dans les cas preſſants.

CCLXXXVI.

VOICI un ſpectacle vraiment digne qu'un Dieu le contemple & ſe complaiſe dans ſon ouvrage : l'homme juſte & courageux aux priſes avec la mauvaiſe fortune, ſur-tout quand il eſt l'agreſseur. Non, je ne vois rien de plus beau ici bas que Caton, après pluſieurs défaites de ſon parti, immobile & debout au milieu des ruines de ſa patrie.

CCLXXXVII.

Un bonheur conſtant ne réſiſte à aucune attaque : mais l'habitude de lutter avec le malheur rend l'homme inſenſible & invulnérable ; s'il eſt renversé, il combat à genoux.

CCLXXXVIII.

Les plaiſirs du Sage sont modeſtes & retenus ; ils paroiſsent languiſsants, sont toujours contenus & à peine ſenſibles : il ne les va pas chercher ; & quand ils ſe préſentent d'eux-mêmes, ils ne sont pas reçus avec honneur, ni même avec une ſatisfaction bien marquée. Il les diſtribue dans le cours de la vie, comme les jeux & les amuſements dans les affaires sérieuſes.

CCLXXXIX.

LES affections naturelles ont le même degré de force dans tous les hommes; lorſqu'elles varient, c'eſt qu'elles ne sont pas naturelles.

CCXC.

LES femmes portent toutes les paſſions à l'extrême.

CCXCI.

ON ne loue qu'avec peine l'homme de génie, ſi l'on n'a pas quelque défaut à lui pardonner.

CCXCII.

LA vie n'eſt pour nous qu'une hôtellerie: ce qu'on appelle la vieilleſse n'eſt que la révolution d'un petit nombre d'années. Il n'y a qu'un moyen de vivre long-temps, c'eſt de vivre aſsez.

CCXCIII.

Nous ſommes des voyageurs arrivés dans l'empire abſolu & tyrannique de la fortune, dont le caprice nous diſpenſe les biens & les maux. Semblable à une maîtreſse de maiſon, inconſtante, bizarre, indifférente au sort de ſes eſclaves, elle laiſse tomber au haſard les châtiments & les récompenſes.

CCXCIV.

L'ADVERSITÉ eſt l'épreuve de la vertu. Vous êtes un grand homme; mais comment le ſaurai-je, ſi la fortune ne vous a pas mis à portée de montrer votre courage dans les revers? Vous êtes deſcendu dans la carriere olympique ; mais vous étiez ſeul : vous avez remporté la couronne, mais non pas la victoire. Vous avez paſsé votre vie ſans adverſaire : on ne ſaura pas ce que vous auriez pu faire ; vous ne le ſaurez pas vous-même. L'on a beſoin d'expérience pour ſe connoître soi-même ; l'on n'eſt inſtruit de ſes forces qu'en les mettant à l'épreuve.

CCXCV.

LE grand homme ſoupire après les traverſes, comme le ſoldat courageux après la guerre. Le courage eſt avide de périls ; il ſonge à ſon but, & nullement aux dangers de la route, d'autant plus que ces dangers mêmes ſont partie de ſa gloire. Les guerriers ſe glorifient de leurs bleſſures ; ils regardent avec joie leur ſang couler à la ſuite d'une bataille : la conſidération eſt pour les bleſsés, quoique les autres aient auſſi bien fait leur devoir.

CCXCVI.

La mort eſt un terme pour tous, un remede pour pluſieurs, le vœu de quelques uns, & ne ſert jamais plus utilement que lorſqu'elle vient ſans être appellée : quand la fortune répartit injuſtement les biens, & ſoumet à un maître les hommes qui tous sont nés avec les mêmes droits, elle les rend tous égaux. C'eſt elle qui eſt la véritable ennemie de toute autorité ; c'eſt elle qui ſauve l'homme de l'humiliation ; c'eſt elle qui ne reconnoît pas de maître. Je vois des croix, variées ſuivant le caprice des tyrans ; je vois des cordes, je.

vois des fouets, je vois des inſtruments pour déchirer chaque membre, chaque articulation : mais je vois auſſi la mort. Plus loin ce sont des ennemis cruels, des citoyens ſuperbes : mais à côté d'eux je vois la mort. La ſervitude n'eſt plus à charge, quand on peut d'un ſeul pas s'élancer vers la liberté, ſi l'on s'ennuie de ſon maître.

CCXCVII.

C. PACUVIUS, qui s'appropria la Syrie à titre de preſcription, célébroit tous les ſoirs ſes obſeques par des flots de vin & des repas funéraires : de la ſalle du feſtin, ſes compagnons de débauche le portoient en pompe dans ſa chambre ; & un chœur de mille voix chantoit autour de lui : *Il a vécu, il a vécu.*

Il ne paſsoit pas un ſeul jour ſans cette cérémonie funebre. Ce qu'il faiſoit par dépravation, faiſons-le par principe ; & prêts à nous livrer au ſommeil, diſons avec alégreſse :

J'ai vécu, de mon sort j'ai fourni la carriere.

Qui s'eſt dit le ſoir, *j'ai vécu ;* dira le matin, *je gagne un jour.*

CCXCVIII.

Il eſt des hommes corrompus, toujours plongés dans l'ivreſse, & ſe ſoutenant à peine, qui croient avoir de la vertu parcequ'ils jouiſsent de la volupté : ils entendent dire qu'elles sont inséparables ; & bien loin de cacher leurs vices, ils en tirent vanité, & leur donnent le nom de ſageſse. Ce n'eſt point Epicure qui les ſollicite à la débauche ; mais adonnés au vice, ils viennent le cacher dans le ſein de la philoſophie ; ils s'empreſsent d'aller où ils entendent louer la volupté ; ils ne ſavent pas combien celle d'Epicure eſt ſobre & tempérante (car je lui rends cette juſtice), ils accourent au nom ſeul, ne cherchant qu'une apologie, un voile pour leurs déréglements : ils perdent ainſi le ſeul bien qui leur reſtoit dans leurs maux, la honte de mal faire. Ils parviennent à louer ce dont ils rougiſsoient, & à ſe glorifier de leurs déſordres. On ne peut plus ſe relever, dans l'âge même de la vigueur, quand le vice eſt ainſi paré d'un titre honnête.

Ce qui rend cette apologie de la volupté ſi pernicieuſe, c'eſt que l'honnêteté des préceptes eſt cachée ; l'on ne voit que ce qu'ils ont de séduiſant. Pour moi je penſe, & j'oſe le dire, contre l'opinion de nos Stoïciens, que la morale d'Epicure eſt ſaine, droite, & même auſtere pour qui l'approfondit : ſa volupté eſt renfermée dans les bornes les plus étroites. La loi que nous impoſons à la vertu, il la preſcrit à la volupté : il veut qu'elle ſoit ſubordonnée à la nature, & ce qui ſuffit à la nature paroît bien mince à la débauche. Ceux donc qui placent le bonheur dans une molle oiſiveté ou dans l'alternative de la table & des femmes, ne cherchent qu'une autorité reſpectable pour juſtifier leurs vices. Attirés par un nom séduiſant, ils ſe rendent les ſectateurs, non de la volupté qu'on leur prêche, mais de celle qu'ils ont eux-mêmes apportée ; & quand ils sont une fois persuadés que leurs vices sont conformes aux préceptes d'Epicure, ils s'y livrent hardiment, ils ne se cachent plus, ils marchent à visage découvert.

Je ne dis donc pas, comme la plupart des Stoïciens, que la secte d'Epicure est l'école de la débauche : je dis qu'elle est décriée sans l'avoir mérité. Et comment s'en assurer, quand on n'a pas approfondi sa morale ? Les premieres apparences donnent lieu à ces mauvais bruits, & font concevoir des espérances criminelles. C'est un héros déguisé en femme.

Fin du Tome premier.

www.ingramcontent.com/pod-product-compliance
Ingram Content Group UK Ltd.
Pitfield, Milton Keynes, MK11 3LW, UK
UKHW022104260726
13993UKWH00001B/322

9 782329 250410